Talk Spanish

Aurora Longo
of **Black & Longo**

and
Almudena Sánchez

Series editor
Alwena Lamping

Published by BBC Active, an imprint of Educational Publishers LLP,
part of the Pearson Education Group
Edinburgh Gate, Harlow, Essex CM20 2JE, England

First published 1998
Revised and updated 2002
Reprinted 2003, 2004 (twice), 2005
Second impression 2006
Reprinted 2007, 2008, 2009

ISBN: 978-0-563-52012-2

Edited by Sarah Boas
Additional editing by Tara Dempsey
Design management by Book Creation Services
Design by Avril Broadley for BCS
Typeset by Gene Ferber for BCS
Illustrations by Avril Broadley, Sylvie Rabbe and Beatriz Waller for BCS
Cover design by Helen Willams and Matt Bookman
Cover photograph Getty Images/Comstock Images
Audio producer John Green, tefl tapes
Sound engineer Tim Woolf
Presenters Ferran Audi, Isabel Caballero, Carmen Gomaz,
Pedro Hernando
Studio Robert Nichol Audio Productions
Music by Peter Hutchings

Printed and bound in China (CTPSC/11)

The Publisher's policy is to use paper manufactured from
sustainable forests.

Contents

Introduction

Welcome to **Talk Spanish**, a Spanish course for absolute
beginners. Designed for adults, learning at home or in a class,
it provides the ideal introduction to Spanish, covering the basic
language needed in everyday situations on a visit to Spain. It is
suitable if you want to learn for work, for fun and in order to
prepare for a first level qualification.

Talk Spanish is an interactive course consisting of a book and
two 60-minute CDs made by native Spanish speakers. Although
designed to be used with the audio, the book could be used
separately as the audio scripts are included in the reference
section. Free tutors' support and activities are available online at
www.bbcactive.com/languages/talk.

Talk Spanish encourages you to make genuine progress
and promotes a real sense of achievement. The key to its
effectiveness lies in its structure and systematic approach.
Key features include:

- simple step-by-step presentation of new language
- involvement and interaction at every stage of the
  learning process
- regular progress checks
- useful hints on study skills and language learning
  strategies

How to use Talk Spanish

Each of the ten units is completed in ten easy-to-follow steps.

1   Read the first page of the unit to focus on what you are
    aiming to learn and to note any key vocabulary in the
    En España section. This provides useful and relevant
    information on Spain and sets your learning in context.

2   Listen to the key phrases on the audio – don't be tempted
    to read them first. Then listen to them again, this time
    reading them in your book too. Finally, try reading them
    out loud before listening one more time.

3   Work your way, step by step, through the activities which
    follow the key phrases. These highlight key language
    elements and are carefully designed to develop your
    listening skills and your understanding of Spanish.

When you hear the activity number, pause the audio and read the instructions before you listen. To check your answers, refer to the *Audio scripts and answers* starting on page 101.

4   Read the *En español* explanations of how the language works as you come to them – they are placed just where you need that information.

5   When you have completed the activities, and before you try the *Put it all together* section, close your book and listen to the Spanish conversations straight through. The more times you listen, the more familiar the language will become and the more comfortable you will become with it. You might also like to read the dialogues at this stage.

6   Complete the consolidation activities on the *Put it all together* page and check your answers with the *Audio scripts and answers*.

7   Use the language you've learnt – the presenters on the audio will prompt you and guide you through the *Now you're talking!* page as you practise speaking Spanish.

8   Check your progress. First, test your knowledge with the quiz. Then check whether you can do everything on the checklist – if in doubt, go back and spend some more time on the relevant section. You'll have further opportunities to test your knowledge in each *Repaso* after units 4, 7 and 10.

9   Read the learning hint at the end of the unit, which provides ideas and suggestions on how to use your study time effectively or how to extend your knowledge.

10   Finally, relax and listen to the whole unit, understanding what the people are saying in Spanish and taking part in the conversations. This time you may not need the book so you can listen to the audio on its own.

¡Buena suerte! Good luck!

Pronunciation guide

The best way to acquire a good Spanish accent is to listen to the audio often and to imitate the speakers closely.

1   Spanish vowels are short and clearly pronounced.

	a	e	i	o	u
	casa	recto	vino	como	gusta
as in ...	hat	pen	need	not	rule

2   Most consonants are similar in English and Spanish, but the following need attention:

			as in ...
b/v	softer than English	bar, vino	big
c	+ e or i	cero	thin*
	+ all other letters	cuatro	cat
ch		mucho	chair
d	at start of word	directo	dog
	between vowels softer	adiós	
g	+ e or i guttural	ingeniero	loch
	+ all other letters	gusta	gap
h	always silent	hablar	
j	guttural	jamón	loch
ll		llamo	foyer
ñ		España	onion
qu		queso	kilo
r	beginning/doubled – trilled	rápido, barra	rose
	between vowels softer	camarero	
s	usually soft	casa	see
z		azúcar	thin*

*in some parts of Spain and in Latin America, ss not th.

3   Words ending in a vowel or n or s are stressed on the last but one syllable: señora, viven. Words ending in a consonant other than n or s are stressed on the last syllable: señor, hotel. Exceptions are written with accents.

¡Hola!

- **saying hello and goodbye**
- **introducing yourself**
- **getting to know people**

En España ... (In Spain ...)

people often use more than one **nombre** (first name), such as José Luis, and use both their father's and their mother's **apellido** (surname), for example Sánchez Ibarra. In Spain, though not in Latin America, most married women keep their own name rather than use their husband's.

If you are calling someone by their surname you start with **señor** for a man and **señora** for a woman (often shortened in writing to **Sr** and **Sra**).

Saying hello . . .

1 Listen to these key phrases.

Buenos días   Good morning
Buenas tardes   Good afternoon, good evening
Buenas noches   Good evening
¿Cómo está?   How are you?
Bien, gracias   Fine, thanks
¿Y usted?   And you?

Hola (Hello, hi) is often followed by
buenos días, etc.

Hola,
buenos días

2 Listen as Laura Pérez, the receptionist at the Hotel El Greco, greets
four clients. What greeting does she use?

Fill in the hotel forms with **señor** or **señora**.

.... **Sánchez**   .... **García**
.... **Gutiérrez**   .... **Robles**

3 Later, señor García meets señora Sánchez in the conference room
at the hotel. Tick the key phrases above as you hear them.

En español . . . (In Spanish . . .)

if you know someone well, you can address them more informally.
Tú is the informal word for 'you'. Use **¿Qué tal?** or **¿Cómo
estás?** to ask how they are.

4 Listen as two friends greet each other.

How does Andrés greet Amelia?

What does Amelia reply?

...and goodbye

5 Listen to these key phrases.

Adiós   Goodbye
Hasta luego   See you later
Buenas noches Goodnight,
                       goodbye

*Adiós,
buenas
tardes*

*Adiós,
hasta luego*

Adiós is often followed by **buenos días**, etc.
when saying goodbye, to wish someone a nice day.

6 Laura Pérez says goodbye to two guests.
How does she say goodbye to señor Rodríguez?
...and to señora Sánchez?

7 At 11 p.m. Señor García leaves the hotel. Listen and fill in the gaps
in the conversation.

Laura Pérez	...................., **señor García.**
Sr García	...................., ...

8 How would you greet the following people at the times indicated?

11.15	Laura Pérez, the hotel receptionist
14.25	Carlos Ramos, a business colleague
17.50	Fernando, a good friend
21.45	Señora Alameda, an elderly neighbour

9 Now try the following. How would you:
- greet your friend Fernando?
- ask an elderly neighbour how she is?
- say goodbye to Laura Pérez at 5 p.m.?
- say goodbye to Fernando whom you expect to see again later?

Introducing yourself ...

1 Listen to these key phrases.

(Yo) soy ...   I am ...
(Usted) es ...   You are ...

The words **yo** (I) and **usted** (you) are often omitted.

2 Laura has a problem getting some of the names of the conference delegates right. Listen and correct any that she has written down wrong.

Juan Valcárcel
Carmen Terrás
Olga López

En español ...

the word for both 'No' and 'not' is simply **no**:

¿Usted no es Laura Pérez?   You're not Laura Pérez?
No, no soy Laura   No, I'm not Laura
Sí, soy yo   Yes, I am

Have you noticed that questions are always written with a ¿ beforehand as well as the usual **?** at the end?

3 More delegates are checking in for the conference and introducing themselves. Listen and fill in the gaps.

Javier   **Hola, buenos días.** .... **Javier Peñalver.**
Luis   **Buenos días,** .... **Luis Román. ¿Cómo está?**
Javier   **Bien, gracias. Hola. ¿** .... **usted Gema Miranda?**
Julia   **No,** .... **Julia Miranda.**

...and getting to know people

4 Listen to these key phrases.

¿Cómo se llama?	What's your name? (**usted**)
¿Cómo te llamas?	What's your name? (**tú**)
Me llamo ...	My name is ...
¿Perdón?	Excuse me?
Mucho gusto	Pleased to meet you

5 Listen as Eduardo Flores meets Mercedes Guillén for the first time, and tick the key phrases you hear.

En español ...

usted and **tú** both mean 'you'. You use:

usted	to someone you don't know well or an older person;
tú	to a friend, member of the family, or a younger person.

The choice affects other words:

usted	**¿Cómo está?**	**¿Cómo se llama?**
tú	**¿Cómo estás?**	**¿Cómo te llamas?**

6 At the hotel disco, teenagers Alejandra, Paco and Rocío are finding out each other's names. Listen and complete the dialogues.

Paco	**Hola. ¿Cómo te llamas?**
Alejandra	**Alejandra. ¿Y tú?**
Paco	**Yo .... llamo Paco. Y ...., ¿cómo .... llamas?**
Rocío	**............... llamo Rocío.**

7 As you listen to four brief conversations, can you note down which uses the **usted** form and which uses **tú**?

a .... *b* .... *c* .... *d* ....

Put it all together

1   Match the English with the Spanish phrases.

a	How are you?	**Buenas noches**
b	Pleased to meet you	**¿Cómo está?**
c	I am	**¿Cómo se llama?**
d	Fine thanks	**Soy**
e	Good afternoon	**Hola**
f	See you later	**Mucho gusto**
g	What's your name?	**Bien, gracias**
h	My name is	**Buenas tardes**
i	Hi	**Me llamo**
j	Good night	**Hasta luego**

2   What could these people be saying to each other?

3   How would the following people introduce themselves?

Bear in mind that **g** before **e** and **i** sounds like **ch** in Scottish 'lo**ch**', but has a hard sound like **g** in **g**ot before **a**, **o** and **u**.

J is always pronounced like **ch** in 'lo**ch**'.

Gema García   **Miguel Gila**   **Juan Rodríguez**
Margarita Guillén **Javier Gutiérrez**

Now you're talking!

1   You are at a conference in the Hotel Villamagna. It's about midday and you sit down at the table. The woman sitting next to you greets you.

   ◇ **Buenos días.**
   ◆ Greet her and introduce yourself.
   ◇ **Mucho gusto. Yo soy Patricia Fonseca.**
   ◆ You didn't catch her name. Say 'Excuse me?'
   ◇ **Patricia Fonseca.**
   ◆ Say you're pleased to meet her.

2   Later, at 5 p.m., you meet your friend Aurelio with his mother and teenage son.

   ◆ Greet your friend and ask him how he is.
   ◇ **Bien. ¿Y tú?**
   ◆ Say you're well.

3   Aurelio next introduces you to his mother.

   ◆ Say you're pleased to meet her and ask her how she is.
   ◇ **Bien, bien. Gracias.**
   ◆ Say hello to the boy and ask him his name.
   ◇ **Jaime.**
   ◆ Say goodbye to Aurelio's mother and wish her a nice evening.
   ◇ **Adiós.**
   ◆ Say goodbye to Aurelio. You'll see him later.

4   It is now 10 p.m. and you meet Aurelio in a bar.

   ◆ Say hello and good evening.

Quiz

1. What greeting would you use at 5 p.m.?
2. What is the Spanish for 'See you later'?
3. When do you use **Buenas noches**?
4. To whom would you say **¿Cómo estás?**
5. Would you use **tú** or **usted** with someone you don't know?
6. What is the difference between **nombre** and **apellido?**
7. How would you say 'I'm not Cristina Sánchez'?
8. What are the two ways of introducing yourself?
9. Which phrase means 'How are you?'?
   ¿Cómo te llamas? ¿Cómo estás? ¿Usted es . . . ?
10. How can you say you are pleased to meet someone?

Now check whether you can . . .

- ■ greet someone correctly during the day – morning, afternoon and evening

- ■ say goodbye at different times of the day

- ■ say who you are

- ■ ask someone's name and give your name

- ■ say you are pleased to meet someone

- ■ ask someone how he or she is

- ■ reply when someone asks you how you are

- ■ ask for clarification if you didn't catch what was said

When you practise, say the words and phrases out loud. Try to imitate the people on the audio as closely as possible – it helps if you repeat the same thing many times.

¿De dónde eres?

DOS

- talking about where you're from
  . . . and your nationality
- saying what you do for a living
- saying which languages you speak
- using the numbers 0 to 20

En España . . .

the official language is **el español** (Spanish), known
also as **el castellano** (Castilian), because it originated
in Castilla, the central region of Spain. In certain
regions of Spain you will find other languages spoken
as well: **el catalán** (Catalan) in Catalonia, **el vasco**
(Basque) in the Basque Country and **el gallego**
(Galician) in Galicia (northwest Spain). These
languages are officially recognized in their regions.

Spanish is also spoken in a large number of
Latin-American countries including Argentina, Chile,
Peru, Ecuador, Paraguay, Uruguay, Bolivia, Venezuela
and Colombia.

Talking about where you're from . . .

1 Listen to these key phrases.

¿De dónde eres?	Where are you from? (**tú**)
¿De dónde es?	Where are you from? (**usted**)
¿Eres inglés?	Are you English? (**tú**)
Sí, soy inglés	Yes, I'm English
. . . de Londres	. . . from London
No, no soy inglés	No, I'm not English
Soy alemán	I'm German

2 Beatriz, a young Spanish teacher, is running a language course for foreigners in Madrid. She asks some of her students where they are from. Note that she asks her questions using **tú**.
Listen and tick the nationalities as you hear them.

	inglés	australiano	alemán
Martin			
Jack			
Peter			

En español . . .

there are three main types of adjectives (words describing people or things, e.g. Spanish, married, this, big, red).

1 ending in **-o**: **americano, italiano**
   The **-o** changes to **-a** when describing females.
2 ending in a consonant: **inglés, español, alemán**
   You add **-a** when describing females, and remove any written accents: **inglesa, alemana**
3 ending in **-e**: **canadiense**

3 Mr Smith is at a business conference in Sevilla and asks Señor González about himself. Listen and tick which town he comes from:

Madrid ■   **Málaga** ■   **Murcia** ■

. . . and your nationality

4 Match the countries and the nationalities, then give the feminine forms. Two have been done for you.

francés	**italiano**	**alemán**	**norteamericano**
escocés	**canadiense**	**peruano**	**galés**
irlandés	**inglés**	**español**	**argentino**

país		nacionalidad
Alemania	Germany	alemán – alemana
Argentina	Argentina	....
Canadá	Canada	....
Escocia	Scotland	....
España	Spain	....
Estados Unidos	USA	....
Francia	France	francés – francesa
Inglaterra	England	....
Irlanda	Ireland	....
Italia	Italy	....
País de Gales	Wales	....
Perú	Peru	....

5 Listen to the way some of these countries and nationalities are pronounced and repeat them, imitating the speakers closely.

En español . . .

es means 'is', 'he is', 'she is', 'it is' as well as 'you are'

6 Beatriz tells a colleague about some of the students she interviewed. Listen and fill in the gaps:

Brigitte es .... **. Es de París.**
El Sr Ager es .... **, de Berlín.**
Steve es .... **, de Edimburgo.**
Anne es de Chicago, es .... **.**

soy	I am
eres	you are **(tú)**
es	you are **(usted)**
	he/she/it is

Saying what you do for a living ...

1 Listen to these key phrases.

¿Qué haces?	What do you do? (**tú**)
¿Qué hace?	What do you do? (**usted**)
Soy arquitecto	I'm an architect
¿Eres médico?	Are you a doctor?
No, soy dentista	No, I'm a dentist
Es profesor, ¿verdad?	You're a teacher, aren't you?

The word **¿verdad?** means 'aren't you?', 'isn't it?' etc. and is used in questions expecting the answer 'Yes'.

2 Beatriz asks some of her students what they do for a living. As you listen, can you work out who is a dentist, who is a doctor and who is an architect?

Estudiante 1   ....
Estudiante 2   ....
Estudiante 3   ....

dentista
médico
arquitecto

En español ...

the words 'a' or 'an' are not used when talking about your occupation:

Soy estudiante	I'm a student
Soy ama de casa	I'm a housewife
No soy electricista	I'm not an electrician

3 Listen as Beatriz continues to find out what her students do. Can you fill in the gaps in the conversation?

Beatriz	**¿Qué haces?**
Estudiante 1	....
Beatriz	**Eres contable, ¿verdad?**
Estudiante 2	**Sí,** ....
Beatriz	**¿Y tú? ¿Eres enfermera?**
Estudiante 3	**No,** ....

contable accountant
enfermera nurse
secretaria secretary
periodista journalist

... and which languages you speak

4 Listen to these key phrases.

¿Hablas español?	Do you speak Spanish? (**tú**)
¿Habla español?	Do you speak Spanish? (**usted**)
Hablo inglés	I speak English
Pues ... un poco de ...	Well ... a little ...

Words for languages are mainly the same as masculine nationalities.

5 Beatriz asks another student about his job. What does he do and what languages does he speak? Can you guess what **y** means?

Beatriz	**¿Qué hace?**
Thomas	**Soy** ....
Beatriz	**Y habla inglés y español, ¿verdad?**
Thomas	**Pues, hablo** .... **y un poco de** ....

Using the numbers 0 to 20

1 Look at the following handwritten numbers and note how 1 and 7 are formed. Now listen to them on the audio.

0 1 2 3 4 5 6 7 8 9 10
cero uno dos tres cuatro cinco seis siete ocho nueve diez

11	**once**	12	**doce**	13	**trece**	14	**catorce**
15	**quince**	16	**dieciséis**	17	**diecisiete**	18	**dieciocho**
19	**diecinueve**	20	**veinte**				

2 Rosa is phoning her friend Pablo to find out the winning lottery numbers. Listen and write down the numbers you hear.

3 Can you say these numbers in Spanish? **4, 5, 10, 14, 15, 17.** Now check your pronunciation, listening out for the letters **c**, **qu** and **z**.

Put it all together

I Which answer best fits the question?

    a **¿Usted es americano?**   **Soy de Burgos.**
    b **¿Eres inglesa?**   **No, hablo inglés y francés.**
    c **¿De dónde eres?**   **Soy médico.**
    d **¿Qué hace?**   **Sí, soy de Nueva York.**
    e **¿Hablas alemán?**   **No, soy galesa.**

2 Marta Sancho is a Spanish accountant from Valencia. How would she fill in the following form?

Nombre	**Apellido** ....
Nacionalidad	....
Profesión	....

3 Fill in the gaps using the words from the following list.

    dónde qué hablo eres de no soy estudiante ¿verdad?

    Pablo   **¿................ española?**
    Rita   **No, ... española. Soy italiana.**
    Pablo   **¿De .... eres?**
    Rita   **Soy .... Roma.**
    Pablo   **Y ¿................ haces?**
    Rita   **Soy ....**
    Pablo   **Hablas español, ¿ ....?**
    Rita   **Sí, ... un poco de español.**

4 Mario Rivero checks in at a hotel in Madrid, but the receptionist seems to have got some details wrong. Can you answer as if you were Mario?

Mario Rivero
Lisboa
portugués
médico

    a **Usted es el Sr Romero, ¿verdad?**
    b **¿Es usted portugués?**   *c* **¿Es usted de Cascais?**
    d **Es dentista, ¿verdad?**

Now you're talking!

1   Imagine you are Mary, an Irish student from Dublin, studying Spanish in Barcelona. At a party someone asks you questions about yourself. What do you reply?

◇ **¿Cómo te llamas?**
◆ *You*
◇ **¿Eres inglesa?**
◆ *You*
◇ **¿De dónde eres?**
◆ *You*
◇ **Y hablas español, ¿verdad?**
◆ Say yes. You speak a little Spanish.

2   You have just been introduced to Patricia Fonseca and she wants to know more about you. Listen and answer her questions. Notice that she uses the **usted** form of the verb.

You need to be able to say:
◆ what nationality you are
◆ where you come from

3   You would now like to find out more about her.

You ask her:
◆ where she comes from.
◇ **Soy catalana, de Barcelona.**
◆ what she does for a living.
◇ **Soy directora de marketing.**
◆ and whether she speaks Catalán.
◇ **Sí, hablo catalán y español.**

Quiz

1 Do you know in which of the following Latin American countries Spanish is spoken?
   Colombia   Perú   Ecuador   Brasil
2 Where would you expect to hear **el vasco** spoken?
3 How would you ask a young person where she is from?
4 How would you tell someone you are Welsh and from Cardiff?
5 Would a German woman say **Soy alemana** or **Soy alemán**?
6 When asking a young person what he does for a living, would you say **¿Qué hace?** or **¿Qué haces?**
7 If you were a doctor, how would you answer the question **Es profesor, ¿verdad?**
8 Is thirteen **quince**, **trece** or **tres** in Spanish?

Now check whether you can ...

▦ say where you come from

▦ say what nationality you are

▦ say what your job or occupation is

▦ say what languages you speak

▦ ask others for this information

▦ use the numbers 0 to 20

To help you to learn new words and phrases you could try listing them in a book, putting them on sticky labels in places where you can't fail to notice them, recording them or getting someone to test you on them – it doesn't have to be a Spanish speaker.

Make your vocabulary list relevant to you and your lifestyle – it's much easier to remember words which are important to you.

3 TRES

Éste es Carlos

- introducing someone
- giving your phone number
- talking about yourself and your family

En España ...

la familia (the family) is still considered very important in Spanish society. Celebration of special events such as **el cumpleaños** (birthday) and **la Navidad** (Christmas) usually involve getting together for a family meal, often in a restaurant. Children are an integral part of these celebrations and are always made welcome in bars and restaurants.

Introducing someone

1 Listen to these key phrases.

Éste es Carlos   This is Carlos
Ésta es Silvia   This is Silvia
Encantado   Pleased to meet you (if you are a man)
Encantada   Pleased to meet you (if you are a woman)

2 Pilar is having a party. Listen as she introduces her friends to each other and complete the dialogues.

Pilar   **Silvia, ... es Beatriz.**
Silvia   **Hola, ¿qué tal?**
Beatriz   **Hola.**
Pilar   **Beatriz, ... es Pepe.**
Pepe   **Encantado.**
Beatriz   **...............•**

> En español ...
>
> when introducing Mr Pino to someone you refer to him as
> **el señor Pino** and when introducing Mrs López to someone you
> refer to her as **la señora López**.

3 At a business reception Luis Rodríguez introduces two delegates to each other. How does he introduce Sra Prados to Sr Molina? How does each of them reply?

Luis Rodríguez   **Señor Molina, ...•**
Sr. Molina   ....•
Sra. Prados   ....•

4 How would you introduce the following people to each other?

- Juan to Isabel
- Antonia to Fernando
- Sr Anula to Sra Tirado
- Sra López to Sr Mora

Giving your phone number

1 Listen to some of the following numbers.

20	**veinte**	29	**veintinueve**	38	**treinta y ocho**
21	**veintiuno**	30	**treinta**	39	**treinta y nueve**
22	**veintidós**	31	**treinta y uno**	40	**cuarenta**
23	**veintitrés**	32	**treinta y dos**	50	**cincuenta**
24	**veinticuatro**	33	**treinta y tres**	60	**sesenta**
25	**veinticinco**	34	**treinta y cuatro**	70	**setenta**
26	**veintiséis**	35	**treinta y cinco**	80	**ochenta**
27	**veintisiete**	36	**treinta y seis**	90	**noventa**
28	**veintiocho**	37	**treinta y siete**		

The pattern for 41 to 99 follows that of 31 to 39.

2 You will hear all but one of the following numbers. Which one?

25   46   67   38   94   77

En España ...

phone numbers are usually said as follows:
4 15 92 53
el cuatro/quince/noventa y dos/cincuenta y tres
You can also give phone numbers in single digits.

3 Listen as Sra Prados calls directory enquiries and write down the phone numbers you hear after the phrase **Tome nota** (take note).

Iberia   ....
Sr Pérez   ....

4 Say the following phone numbers out loud. Then try saying your own number.

- 2 35 51 10   - 5 19 17 77   - 0182 834 9256

Talking about yourself . . .

1 Listen to these key phrases.

¿Está casado/casada?	Are you married? (m./f.)
Sí, estoy casado/casada	Yes, I'm married (m./f.)
Estoy divorciado/a	I'm divorced (m./f.)
Estoy soltero/a	I'm single (m./f.)

A man is **casado**, a woman is **casada**.

2 At the party, Beatriz chats to her fellow guests. Listen and work out who is married and who is not.

	casado/a	soltero/a	divorciado/a
Luis	▨	▨	▨
Elena	▨	▨	▨
Juan	▨	▨	▨

En español . . .

soy and **estoy** both mean 'I am', but are used in different ways.
Use   **soy**   **eres**   **es**   (from **ser**, to be)
        to say who you are, where you're from,
        what you do for a living
Use   **estoy**   **estás**   **está**   (from **estar**, to be)
        to say you're single, married, well, etc.

3 At the reception, Luis Rodríguez is still talking to Sra Prados and Sr Molina. How does Sra Prados say she is married? How does Sr Molina introduce his wife?

mi mujer	my wife
mi marido	my husband
mi hija	my daughter
mi hijo	my son
mi hermana	my sister
mi hermano	my brother

4 How would you introduce your husband to someone?
And your sister?

... and your family

5   Listen to these key phrases.

¿Tienes hijos?	Do you have any children? (**tú**)
¿Tiene hijos?	Do you have any children? (**usted**)
Sí, tengo un hijo	Yes, I have a/one son
... y una hija	... and a/one daughter
¿Cuántos años tiene?	How old is he/she?
Tiene veintinueve años	He/she is 29

Tengo (I have) is used to give your age (literally, how many years you have): **Tengo** + 23 + **años** (I am 23).

6   Luis asks Sr Molina if he has any children. Note that **uno** changes to **un** before a male and **una** before a female. Tick the key phrases.

En español ...

when talking to someone about a third person, questions are often identical to those relating to **usted**:

¿Cómo se llama?	What's your name?/What's his/her name?
¿Cuántos años tiene?	How old are you?/How old is he/she?

The context usually makes the meaning clear, but if necessary the words **usted**, **él** (he) or **ella** (she) can be added, either before or after: **¿Cómo se llama usted? ¿Cuántos años tiene ella?**

7   Beatriz asks Isabel if she has children. How does Isabel give her daughter's name? And her age?

Beatriz	**¿Tienes hijos?**
Isabel	**Sí, tengo una hija.**
Beatriz	**¿Cómo se llama?**
Isabel	.... **Carmen.**
Beatriz	**¿Cuántos años tiene?**
Isabel	.... **.**

tengo I have
tienes you have (**tú**)
tiene you have
    (**usted**)
    he/she has

Put it all together

1 Ésta es la familia Tirado.

Now complete the following sentences about his family as if you were Juan, by ticking the right boxes.

a **Estoy**   **casado** ▨   **soltero** ▨
b **Mi mujer se llama** **Claudia** ▨   **Mercedes** ▨
c **Mi hijo se llama**   **Andrés** ▨   **Fernando** ▨
d **Tiene**   **doce** ▨   **catorce años** ▨

2 How would Claudia introduce (a) her mother, (b) her father and (c) Andrés to her friend Manuel? How would he reply?

3 A group of students at a language school were asked to complete a form giving their ages and where they are from. How would they introduce themselves in class?

a Giulia   24 años   Milano
b Philippe   27 años   Toulouse
c Alice   19 años   Cardiff
d Peter   23 años   Belfast

4 Would you answer **Sí** or **No** if you were asked these questions?

¿Está casado? or **¿Está casada?**   **¿Tiene hijos?**

If **Sí**, can you provide details, giving their names and ages?

Now you're talking!

1 Read these questions and then be guided by the audio. Answer as if you were Concha Lallana, married to Ian and with two children – Arturo (22) and Daniela (25). Note that **su** means 'your' in this conversation.

◇ **Buenos días. ¿Cómo se llama?**
◆ *You*
◇ **¿Está casada?**
◆ *You*
◇ **¿Tiene hijos?**
◆ *You*
◇ **¿Cómo se llama su hijo?**
◆ *You*
◇ **¿Cuántos años tiene Arturo?**
◆ *You*
◇ **Y su hija ¿cómo se llama?**
◆ *You*
◇ **Y ¿cuántos años tiene?**
◆ *You*

2 You are in a bar in Spain and a woman comes over to talk to you. Listen and join in the conversation using the informal **tú** form.

You need to know how to:
◆ say your name
◆ say whether you are married or otherwise and ask if she is married
◆ ask if she has children
◆ ask what her son's name is
◆ ask how old he is

Quiz

1 How would you introduce Mr Pacheco and Mrs Conde to your mother?
2 If you are a woman, how would you reply when you are introduced to someone? And if you are a man?
3 In Spanish, how many words make up the numbers **25** and **45**?
4 What is the Spanish expression for 'I'm single' if you are a man?
5 Which of the following means 'my daughter'?
   mi madre   mi hija   mi mujer
6 To ask a child how old he is, would you say
   ¿Cuántos años tienes? or **¿Cuántos años tiene?**
7 Can you say how old *you* are in Spanish?

Now check whether you can ...

■ introduce someone – male or female

■ use the numbers 20 to 99

■ say your phone number in Spanish

■ ask whether someone is married and say if you are married, etc.

■ ask whether someone has children and say if you have children

■ ask and say how old someone is

■ say how old you are

A good way to practise introducing members of your family is to find a family photograph with lots of people in it – perhaps a wedding group. Pointing to each person, say who they are:
e.g. **ésta es mi madre**   **éste es mi padre**

The following additional words might come in useful:
tío, tía uncle, aunt   **abuelo, abuela** grandfather, grandmother

CUATRO

Un café, por favor

- ● ordering a drink in a bar
- ● offering, accepting or refusing
- ● paying for your drinks

En España ...

a polite way of attracting the attention of **el camarero** (the waiter) in a bar is to say **Oiga, por favor**. You don't need to pay for your drinks at once – it is quite normal to wait until you are ready to leave. It's not necessary to leave **una propina** (tip), although Spaniards tend to tip the waiter if their drinks and snacks are brought to the table or if the service is good.

Ordering a drink . . .

1 Listen to these key phrases.

¿Qué va a tomar?	What will you have?
Un café con leche	A white coffee
Un vino blanco	A glass of white wine
para mí	for me
por favor	please
Ahora mismo, señor	Straightaway, sir

2 Listen as Luis orders a drink in the Bar Alegría. What does he order? Tick the key phrases as you hear them.

3 Lola and Fernando order **una cerveza** (a beer) and **un vino tinto** (a glass of red wine). Can you say who orders what? As the waiter is talking to more than one customer, he asks them **¿Qué van a tomar?**

Lola	**Oiga, por favor.**
Camarero	**Sí. ¿Qué van a tomar?**
Lola	....
Fernando	**Y para mí,** ....

En español . . .

all nouns (not just those referring to people) are either masculine (m.) or feminine (f.), and this affects words for 'the' and 'a'. The words for 'a' are:

un before a masculine noun:
  un vino, un té, un café
una before a feminine noun:
  una cerveza, una sangría

When you learn a new noun, try to remember whether it is masculine or feminine.

Nouns ending in **-a** are usually feminine and nouns ending in **-o** are usually masculine.

...in a bar

4 Ana and her colleagues are having a drink after work. Listen and fill in the gaps in the dialogue. Look at the menu card first.

un café solo	black coffee
un café cortado	black coffee with a dash of milk
un zumo de naranja	orange juice
un té con limón	tea with lemon
un refresco de limón	lemon drink
un batido de chocolate	chocolate milk shake
un agua mineral con gas	sparkling mineral water
un agua mineral sin gas	still mineral water
un cubalibre	rum and coke
un vermú	vermouth

Camarero	**Buenas tardes. ¿Qué van a tomar?**
Ana	**Para mí, ... ¿Y tú, Luis?**
Luis	**Yo, ...**
Carmen	**Y .... para mí.**

5 Rosa and Antonio are with their two children in a café. Listen and write down what they order. What do you think **también** means?

Rosa	....	*Oscar*	....
Eva	....	*Antonio*	....

6 Can you order the following drinks for your friends?

- a white coffee
- an orange juice
- a beer

And don't forget to order something for yourself!

Offering, accepting or refusing . . .

1 Listen to these key phrases.

¿Qué quieres tomar?	What would you like? (**tú**)
¿Quiere tomar algo?	Would you like something? (**usted**)
Sí, gracias	Yes, please
No, gracias	No, thank you

En español . . .

to make a noun plural:
add   **-s** to a noun ending in a vowel:

       un café   **dos cafés**
       una cerveza   **cuatro cervezas**

add   **-es** to a noun ending in a consonant:

       un bar   **dos bares**

2 Alvaro is in the Bar Madrid when his friend Marta arrives. How does he offer her a drink? And how does he order two beers?

3 Two clients are waiting to see Sr López, and his secretary offers them a drink. She uses the **usted** form **quiere**. Fill in the gaps.

Does the first client prefer his tea **con o sin azúcar** (with or without sugar)?

Secretaria	**¿Quiere tomar algo? ¿Un té, un café?**
Cliente 1	.... **Un té con limón.**
Secretaria	**¿Con azúcar?**
Cliente 1	..................•
Secretaria	**¿Y usted?**
Cliente 2	**Para mí, agua, por favor.**

4 Luis is offering two people drinks. Does he use the **tú** or the **usted** form? What drinks do they each want?

...a drink or snack

5 Listen to these key phrases.

¿Quieres comer algo?	Would you like to eat something?
Un bocadillo ...	A sandwich ...
... de jamón/de queso	... ham/cheese

Spanish bars often have a good variety of snacks and **tapas** (small dishes of food), such as **aceitunas** (olives), **tortilla de patata** (potato omelette), **calamares** (squid) and **patatas fritas** (chips).

6 Listen as Anabel and her friend Jorge order some food. What do they order?

Paying the bill

1 Listen to these key phrases.

¿Cuánto es?	How much is it?
Un euro diecinueve	1 euro 19 (cents)
Son tres (euros) cincuenta	It's 3,50 euros
Son noventa y cinco céntimos	It's 95 cents

En España ...

the currency is the **euro** (€). Between euros and cents (**céntimos**) a comma, not a decimal point, is used. You'll hear different ways in which euro amounts are expressed: **2,40 €** (two euros forty cents) may be either **dos euros cuarenta** or simply **dos cuarenta**.

2 Listen and fill in the prices. How much were the total bills?

2 cafés ____ €
1 zumo de naranja ____ €
Total ____ €

2 cervezas ____ €
1 bocadillo ____ €
Total ____ €

Put it all together

1 **Un** or **una**?

Write these words in the appropriate columns.

| café | agua mineral | zumo | cerveza | vino |
| cubalibre | tónica | refresco | sangría | té |

un	una
....	....
....	....
....	....
....	....
....	....
....	
....	

Now try to order two of each of them.

2 Complete the dialogue with words from the box:

Camarero	¿................ van a tomar?
Carlos	.... cerveza.
Julia	Y ...., un café. Andrés, ¿qué .... tomar?
Andrés	Un batido .... chocolate.
Julia	................, por favor. ¿Cuánto ....?
Camarero	.... 3,40 euros.

son
una
quieres
oiga
qué
es
de
para mí

3 Can you say these prices in Spanish?

a	1,75 €	un euro .... y cinco
b	4,99 €	cuatro .... y nueve
c	2,54 €	dos cincuenta y ....
d	3,18 €	....
e	15,50 €	.... cincuenta
f	25,20 €	....

Now you're talking!

I Your friends Fernando and Patricia join you at the bar.

◆ Ask Fernando what he'd like to drink.
◇ **Un vino tinto.**
◆ Now ask Patricia what she'd like to drink.
◇ **Un refresco de limón.**
◆ Call the waiter.
◇ **Buenos días, señores. ¿Qué van a tomar?**
◆ Order the drinks for your friends ... and order a red wine for yourself.
◇ **Muy bien, ahora mismo.**
◆ After finishing your drinks, ask the waiter how much it is.
◇ **Son cuatro diez.**

For conversations 2, 3 and 4 make sure you know the words and phrases for the following situations, then close your book and be guided by the audio.

2 Sr and Sra Martínez have just been introduced to you. Since this is a formal working situation you use the **usted** form. First you ask Sra Martínez what she'd like to drink. Then, when she has told you what she'd like, you ask Sr Martínez.

3 At a friend's house you are offered a coffee. You accept and ask for a black coffee, and say 'without milk but with sugar' when asked.

4 Imagine you are at a Spanish bar with your friends and/or family. How would you order drinks for them?

Quiz

1 Can you rearrange these words to form a sentence?
   por favor   cervezas   dos   oiga
2 In a bar, how would you order an orange juice?
3 When offering a drink to a friend, would you say **¿Quiere tomar algo?** or **¿Quieres tomar algo?**
4 If someone offers you a drink, how do you say 'Yes, please'?
5 Which of the following words is the odd one out?
   batido   café   azúcar   vino   cerveza
6 How would you ask for a coffee with a dash of milk?
7 How would you say 'A beer for me' in response to **¿Qué va a tomar?**
8 Could you order two of each of the following drinks and snacks?
   té   vino   cerveza   café   bocadillo
9 Is **setenta y seis** 77, 67 or 76?

Now check whether you can ...

- ▧ politely call the waiter

- ▧ order a drink or drinks in a bar

- ▧ offer a drink to a friend, and to a client

- ▧ accept or refuse a drink

- ▧ ask how much something is

- ▧ understand and use some prices with euros

Use every opportunity to bring your learning of Spanish into everyday life. Every time you buy something to drink in a restaurant, bar or supermarket, think of the word in Spanish and see how many other names of drinks you can remember.

I Listen as Beatriz talks to one of her new students, Rodolfo Nero, and then tick the right information.

a	**Es**	italiano	español
b	**Es de**	Oviedo	Orvieto
c	**Es**	ingeniero	enfermero
d	**Está**	casado	soltero
e	**Su mujer es**	galesa	escocesa
f	**Es**	profesora	diseñadora
g	**Tiene**	un hijo	una hija
h	**Su hijo tiene**	siete años	seis años

2 After their first class you overhear two students getting to know each other. Listen to their conversation and fill in the missing details.

nombre	nacionalidad (nationality)	edad (age)	hermanos (brothers/sisters)
Isabel	....	....	....
Paul	....	....	....

3 Isabel and Paul decide to have a drink together and go to the bar. Make a note of what they have to drink, and their phone numbers.

	bebida (drink)	**teléfono** (phone number)
Isabel	....	....
Paul	....	....

4 ¿**Cuánto es?** Before leaving the bar Paul and Isabel ask the waiter how much they owe. Make a note of how much each drink costs.

cerveza: .... euros   café: .... euros

5 Can you say the Spanish for the following amounts in euros?

1,27   3,12   7,91   8,45

6 Practise pronouncing the names of these well known Spanish wine regions, then check your pronunciation on the audio.

Rioja	**Valdepeñas**	**Jerez**
Penedés	**Cariñena**	**Chacolí de Vizcaya**
Navarra	**La Mancha**	**Ribeiro**

7 Listen to some of the interim results from the Eurovision Song Contest and fill in the missing numbers.

Can you guess what all the countries are?

Dinamarca	23	**Suiza**	
Grecia		**Bélgica**	
Noruega	18	**Holanda**	
Suecia			

8 Choose the right expression.

a Accepting a drink.
b Calling the waiter's attention.
c When introduced to someone.
d In reply to ¿**Cómo estás?**
e Greeting a shop assistant.
f Saying 'See you later'.

9 The waiter at a bar in Valencia has asked you if you would help his sister who wants to apply for an English course in London. What are the questions you would need to ask her before you could fill in this form for her?

Name	....
Age	....
Occupation	....
Married/Single	....

a ....

b ....

c ....

d ....

10 Fill in the gaps in these sentences.

Ésta es mi _ _ _ _ _, Carmen.

Una mujer de Irlanda es _ _ _ _ _ _ _ _ _.

¿Quieres un café? – Sí, _ _ _ _ _ _ _.

_ _ _ _ es mi hermana.

_ _ _ _ _ _ días.

Mi amigo no está casado. Está _ _ _ _ _ _ _.

Un _ _ _ _ con leche.

_ _ _ _ _, hasta luego.

¡Oiga, por _ _ _ _ _!

What is the word in the shaded column and what does it mean?

11 Una familia artística

Read the following profile of Andrés Ribera which recently appeared in a journal for learners of Spanish. Then say whether the questions which follow are **verdadero** (true) or **falso** (false).

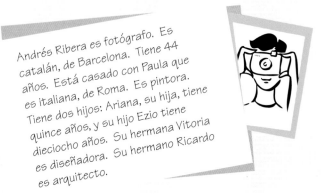

Andrés Ribera es fotógrafo. Es catalán, de Barcelona. Tiene 44 años. Está casado con Paula que es italiana, de Roma. Es pintora. Tiene dos hijos: Ariana, su hija, tiene quince años, y su hijo Ezio tiene dieciocho años. Su hermana Vitoria es diseñadora. Su hermano Ricardo es arquitecto.

a Andrés is a photographer from Barcelona.

b He is married with two sons.

c His wife is Italian.

d His brother is a designer and his sister an architect.

casado con married to
que es who is
su his
diseñadora designer

12

How would Andrés describe himself? Here is the same article but some of the words have been omitted. Can you fill them in as if you were Andrés speaking?

.... fotógrafo. .... catalán, de Barcelona. .... 44 años. .... casado con Paula que es italiana, de Roma. Es pintora. .... dos hijos: Ariana, ... hija, tiene quince años, y .... hijo Ezio, tiene dieciocho años. .... hermana Vitoria es diseñadora. .... hermano Ricardo es arquitecto.

5 Perdone, ¿dónde está el museo?

- asking where something is
- asking for help to understand
- saying where you live and work

En España ...

el centro (the centre) of an old town is usually to be found in **la Plaza Mayor** (the main square) and the **calles** (streets) which radiate from it. The old part often retains much of its original character and architecture, and many historic buildings now house modern institutions such as **el ayuntamiento** (the town hall), **la comisaría** (the police station) and **la oficina de turismo** (the tourist office). Away from the centre are the more modern urban developments with their wide **avenidas** (avenues), like the Barrio del Ensanche in Barcelona and the Barrio de Salamanca in Madrid.

Asking where something is . . .

1 Listen to these key phrases.

Perdone	Excuse me
¿Dónde está . . . ?	Where is . . . ?
¿Está lejos?	Is it far?

2 Chema has just arrived in town and asks his friend María to point out some landmarks on his map. Look at the map and check the meanings of any words you don't know in the glossary.

Now listen and match the buildings with the phrases below. Note that **estar** is used to say where a place is.

a **está aquí** (here)   *b* **está allí** (there)
c **está en la plaza Mayor**   *d* **está cerca** (near)
e **está en la calle Rueda** (in Rueda Street)

En español . . .

the words for 'the' in the singular are:
el   before a masculine noun
  el museo (museum)   **el teatro** (theatre)
la   before a feminine noun
  la catedral (cathedral)   **la estación** (station)

...and asking for help to understand

3 Listen to some numbers between 100 (**cien**) and 1000 (**mil**).

101	**ciento uno**	150	**ciento cincuenta**
200	**doscientos**	300	**trescientos**
400	**cuatrocientos**	500	**quinientos**
600	**seiscientos**	700	**setecientos**
800	**ochocientos**	900	**novecientos**

4 How would you say the following?
100 metres   150 metres   250 metres   500 metres

5 Now listen to these key phrases.

¿Dónde están las tiendas?	Where are the shops?
...a diez minutos a pie	...10 minutes walk
No entiendo	I don't understand
¿Puede repetir?	Could you repeat that?
De nada	You're welcome

6 Listen as Maria asks a man where the shops are. How does she indicate she hasn't understood? And how far away are the shops?

En español...

the words for 'the' in the plural are:
los   before a masculine noun   **los teatros, los bares**
las   before a feminine noun   **las tiendas,**
                                    las ruinas prehistóricas

7 How would you ask where the following are?
● the cathedral
● the tourist office
● the museum
● the bars

Saying where you live ...

1 Listen to these key phrases.

¿Dónde vives?	Where do you live?
Vivo ...	I live ...
... en Sevilla	... in Seville
... en la plaza de Setúbal	... in Setubal Square
... en el centro	... in the centre
... en las afueras	... in the suburbs
... en un pueblo	... in a town

2 Ricardo asks three people he meets in **Sevilla** where they live. Listen and decide who lives where. Listen particularly for the way in which the letter **v** is pronounced.

	el centro	**las afueras**	**un pueblo**
Luisa			
Jaime			
Olga			

3 Listen again to the last conversation, this time noting how they each describe their homes. (**mis padres** = my parents)

Luisa	....
Jaime	....
Olga	....

un piso apartment, flat
una casa house
un chalet modern
　　　　　　　detached house

4 **¿Cuál es tu dirección?** Ricardo asks each of his new friends for their **dirección** (address). Listen and make a note of the street numbers, which in Spain are usually written after the name.

Luisa	**Avenida Esparteros** ....
Jaime	**Plaza de Roma** ....
Olga	**Calle Mayor** ....

... and work

5 Listen to these key phrases.

¿Dónde trabajas?	Where do you work?
Trabajo ...	I work ...
... en una oficina	... in an office

6 Ricardo asks his friends where they work. Complete the grid.

	una tienda shop	**una escuela** school	**una empresa de contabilidad** accountancy firm
Luisa			
Jaime			
Olga			

En español ...

to show <u>who</u> is doing something, you change the ending of the verb. You occasionally need the words for 'I', 'you', 'he', etc. for clarity or emphasis.

		trabajar (to work)	**vivir** (to live)
I	**(yo)**	**trabaj<u>o</u>**	**viv<u>o</u>**
you	**(tú)**	**trabaj<u>as</u>**	**viv<u>es</u>**
you	**(usted)**	**trabaj<u>a</u>**	**viv<u>e</u>**
he/she	**(él/ella)**	**trabaj<u>a</u>**	**viv<u>e</u>**

The pattern of the endings depends on the ending of the dictionary form (infinitive), here **trabaj<u>ar</u>** or **viv<u>ir</u>**.

---

7 Ricardo meets an old friend whom he hasn't seen for a long time. What do you think **ahora** means? Listen and fill in the gaps.

Ricardo	**¿Dónde ....?**
Angela	**En una empresa de telecomunicaciones.**
Ricardo	**Vives en la Plaza del Olivar, ¿verdad?**
Angela	**No, ahora .... en la calle Goya.**

Put it all together

1   Do you know which words to use for 'the'?

a   .... **bar**   .... **teatro**   .... **catedral**

b   .... **pueblos**   .... **ciudades**   .... **afueras**

c   .... **cerveza**   .... **té**   .... **café**

d   .... **padre**   .... **madre**   .... **hijos**

e   .... **calle**   .... **plaza**   .... **avenida**

2   Can you match the answers to the questions to form a conversation?

a   **¿Dónde vives?**   **Está aquí en el centro.**

b   **¿Dónde está la calle Colón?**   **Trabajo en un hospital.**

c   **¿Está lejos?**   **No, soy enfermera.**

d   **Y ¿dónde trabajas?**   **No, está en las afueras.**

e   **¿Eres médico?**   **Vivo en la calle Colón, 75.**

f   **¿El hospital está cerca?**   **No, está muy cerca.**

3   Complete these sentences with the right forms of **vivir**:

a   **¿Dónde** .... **tú?**

     .... **en la Plaza Mayor 67.**

b   **Ian, usted** .... **en Escocia, ¿verdad?**

     Sí, ... **con mi hermano en Edimburgo.**

c   **Mari Cruz** .... **en un piso en el centro.**

and **trabajar**:

d   **Sr Pérez, ¿dónde** .... **usted?**

     .... **en una empresa de contabilidad.**

e   **Laura, ¿** .... **en una oficina?**

     No, ... **en una escuela. Soy profesora.**

f   **Jaime** .... **en un bar.**

Now you're talking!

I You've just arrived at the station in Hermosilla to visit some friends.

   ◆ Ask the man at the information desk where Calle Carneros is.
   ◇ **Está en el centro del pueblo.**
   ◆ Thank him and ask if it's far.
   ◇ **No, no está muy lejos – a quinientos metros.**
   ◆ You didn't catch that. Ask him to repeat it.
   ◇ **A quinientos metros.**
   ◆ Thank him and say goodbye.

2 After visiting your friends you have a coffee at the Café Solana.
   One of the locals talks to you. You might like to prepare your answers
   beforehand and then rely on the audio to guide you.

   ◆ **Tú no eres de Hermosilla, ¿verdad?**
   ◇ Say no, and give your nationality.
   ◆ **¡Ah! Y ¿dónde vives?**
   ◇ Say where you live.
   ◆ **Y ¿qué haces?**
   ◇ If you have a job, say what it is and where you work.

3 Now it's your turn to ask questions.

   ◆ Ask your new friend where he lives …
   ◇ **Muy cerca; allí, en la Plaza Mayor.**
   ◆ And whether he works in Hermosilla.
   ◇ **No, trabajo en la capital, a sesenta kilómetros.**

Quiz

1 Do you use **ser** or **estar** to say where buildings and places are?
2 How would you ask where the Calle Arenal is?
3 What are the words for 'the' in front of
    estación   restaurante   calles   bares
4 Can you name six other public places or buildings in Spanish?
5 What word would you have to add to **... está lejos** to say 'It's not far'?
6 How would you ask someone to repeat what they've just said?
7 Does **¿Dónde vive?** mean 'Where do you live?' (Usted), 'Where does he/she live?' or either of these?
8 How is the letter **v** pronounced in Spanish? Can you say **Vivo en la Avenida de la Victoria 20**?

Now check whether you can ...

■ ask and say where a building or a place is

■ ask and say if it's far

■ understand simple distances

■ ask someone to repeat something

■ ask someone where they live

■ say whether you live in the town or the suburbs, and whether you live in a house or a flat

■ ask someone where they work and say where you work

Learning verb patterns (i.e. grammar) allows you to manipulate a language and to say what you want to say. For example, now you know part of the pattern for **trabajar**, you can use other common verbs such as **hablar** (to speak – see Unit 2) and **pagar** (to pay).

6

¿Hay un banco por aquí?

- **asking what there is in town**
- **finding out when it's open**
- **understanding where a place is**

  . . . and how to get there

En España . . .

when arriving in a town for the first time, it is always worth paying a visit to the local **oficina de turismo** where you will be given a free **mapa** (map), **folletos** (leaflets) and comprehensive information on local amenities, events and places of interest.

Most shops close at lunchtime between 1.30 p.m. and 4.30 or 5 p.m., and then reopen until 8 p.m. **Los grandes almacenes** (department stores) usually stay open at lunchtime. Banks usually close at 1.30 p.m., although some busy branches might open a couple of afternoons per week.

Asking what there is in town

1 Listen to these key phrases.

¿Hay ...?	Is there ...? Are there ...?
por aquí	near here, in the area
Hay ...	There is, there are ...
muchos, muchas	many (m./f.)
varios, varias	several
No hay ...	There isn't, there aren't ...

2 Below is a list of local amenities to be found in many Spanish towns. Can you work out what they are? Some you have already met, others you may be able to guess, or look up in the glossary.

un supermercado	una biblioteca
una farmacia	una piscina
un banco	un restaurante
un cine	un parque
un hospital	una comisaría

3 Alberto is in the **oficina de turismo** where he asks the assistant, Mari Cruz, about the town's amenities. Listen and note down her answers in the grid.

	Sí	No
¿Hay un banco por aquí?		
¿Hay restaurantes?		
¿Hay piscina?		

4 How would you ask the following?

● if there's a chemist's in the area
● if there's a cinema

Finding out when it's open

1 Listen to these key phrases.

Está ...	It's ...
... abierto/a, cerrado/a	... open, shut
¿A qué hora abre?	At what time does it open?
Abre a ...	It opens at ...
Cierra a ...	It closes at ...

08:00	09:00	01:00	01:30
las ocho	**las nueve**	**la una**	**la una y media**

2 Julia is staying in Valencia with her friend Milagros and needs to change some money. Listen and tick **verdadero** or **falso**.

	verdadero	falso
a **El banco está abierto.**		
b **Cierra a la una.**		
c **Abre a las nueve y media.**		

En español ...

to say the time at which something happens you use **a** followed by: **la** with **una** **las** with the other numbers
To specify the time of the day you add:

de la mañana	in the morning
de la tarde	in the afternoon, evening
de la noche	at night
Abre a las cinco de la tarde	it opens at five in the afternoon

---

3 Julia asks Milagros for information about opening and closing times. Listen and fill in the grid.

	abre	cierra
la farmacia	....	....
el supermercado	....	....

Understanding where a place is ...

1 Listen to these key phrases.

El supermercado está ...   The supermarket is ...
enfrente de ...   opposite ...
Hay una farmacia ...   There is a chemist's ...
al lado de ...   next to ...
al final de la calle   at the end of the street

a la izquierda   **a la derecha**

2 Mari Cruz gives Alberto some information about the location of certain amenities. Listen and match each place with its location.

Hay un restaurante ....
El hotel Victoria está ....
El banco está ....
La farmacia está ....
Hay un parque ....

a la derecha
enfrente del bar
al lado de la farmacia
al final de la calle
a la izquierda

En español ...

when talking about the position of things

a often means 'at' or 'on'.
a + el is shortened to **al**:

  al lado   **a la izquierda**

de often means 'of' or 'to'.
de + el is shortened to **del**:

  enfrente del bar   **enfrente de la farmacia**

3 How would you ask Mari Cruz if there is a restaurant nearby?

Now listen as she gives you some information and note its exact location (in English or Spanish): ....

...and how to get there

4 Listen to these key phrases.

Siga todo recto
Tome ...

Carry straight on
Take ...

la segunda (calle)
a la izquierda

la primera (calle)
a la derecha

5 Alberto asks Mari Cruz where the Victoria Hotel is. Can you decide which of the following instructions is what you hear?

a **Tome la primera a la derecha y siga todo recto.**
   Está a la izquierda.
b **Tome la segunda a la izquierda y siga todo recto.**
   Está a la derecha.
c **Tome la segunda a la derecha y siga todo recto.**
   Está a la derecha.

6 While walking there, he asks again for directions. Listen as a passer-by gives two instructions. Which street should he take? What should he do then?

7 You are looking for the Restaurante Picón and a passer-by gives you directions. After he has gone, you try to remember what he said. Can you write down the instructions?

....

....

Put it all together

1 On holiday in Spain you check out the opening times at the local supermarket. Can you answer a Spanish friend's questions?

	Mañana	**Tarde**
Abre:	09.00	16.30
Cierra:	13.30	20.00

a ¿Abre a las nueve o a las nueve y media?
b ¿Está abierto o cerrado a las dos de la tarde?
c ¿A qué hora cierra?

2 You are standing in the town square looking for a restaurant and a chemist's. Can you fill in the blanks, referring to the map below?

– Perdone, ¿............... un restaurante ....?
– Sí, hay varios. Hay uno aquí en la plaza,
.... museo.
– ¿Y hay una farmacia?
– Sí, hay una en la calle Cisneros, ...
supermercado. Tome la primera
a la .... La farmacia está allí
a la ....

por aquí
enfrente del
izquierda
hay
al lado del
derecha

Restaurante	Museo		Farmacia
		Calle Cisneros	
		Bar	Supermercado
Biblioteca	Plaza Mayor		
Banco		Oficina de Turismo	

"Now you're talking!

1   You have just arrived in a town and you don't know your way around. You talk to a woman at a bus stop.

- ◆ Say 'excuse me' and ask if there is a tourist office in the area.
- ◇ **Sí, a 200 metros, a la derecha.**
- ◆ Repeat the directions and ask her where the bank is.
- ◇ **A 100 metros, pero ahora está cerrado.**
- ◆ Ask the woman what time it opens.
- ◇ **A las 9.30 de la mañana.**
- ◆ Ask her what time it closes.
- ◇ **A la 1.30.**
- ◆ Thank her and say goodbye.

2   You are now at the tourist office.

- ◆ Ask if there is a market in the area.
- ◇ **Sí, en la plaza del Mercado. Tome la segunda a la derecha y siga todo recto.**
- ◆ Repeat the instructions, thank the assistant and say goodbye.

3   It's 4.15 p.m. and a Spanish friend wants to visit your local museum, and you know that it's already shut.

- ◆ Say the museum is closed.
- ◇ **¿A qué hora cierra?**
- ◆ Say at 4 p.m.
- ◇ **¿A qué hora abre?**
- ◆ Tell her it opens at 10 a.m.

Quiz

1 What does **por aquí** mean?
2 How would you tell someone that there isn't a market?
3 What word or words would you insert in these phrases:
   enfrente .... **banco; al lado** .... **farmacia**
4 If someone told you to take **la primera a la derecha**, would you turn left or right?
5 How would you tell someone that the hospital is in the square?
6 If **la farmacia está abierta**, is it open or closed?
7 It is 3.30 p.m. and you want to buy some aspirins at the chemist's. Will it be open?
8 Can you complete the following? **Cierra** .... **siete**.

Now check whether you can ...

■ say what there is in a town

■ ask if something is available

■ understand where one place is in relation to another

■ understand some straightforward directions

■ understand if a place is open or closed

■ ask when a place opens and closes

Learning a new language often involves guessing the meaning of words. Many Spanish and English words derive from the same root, which makes it relatively easy to guess their meaning with some confidence. If **banco** means 'bank' and **mapa** means 'map', what does **estación de metro** mean? Guessing, of course, is not always successful – **una librería** is not a library but a bookshop – but it's usually well worth a try.

¿Cuánto cuesta?

- **asking for something in a shop**
- **understanding the price**
- **buying food**
- **shopping in the market**

En España ...

you will find a wide variety of places to shop, ranging from traditional food markets and quaint old-style shops to modern hypermarkets and boutiques. Spain is particularly famous for leather goods (especially shoes), ceramics, wine, olive oil and typical food such as **jamón** (cured salted ham) and **turrón** (honey-and-almond nougat).

El estanco (tobacconist's) sells stamps as well as the usual range of tobacco products. **El quiosco** (newsagent's) sells newspapers and magazines. In big towns and cities it also sells **el bonobús**, a ten-trip bus ticket.

Asking for something in a shop . . .

1 Listen to these key phrases.

¿Qué desea?	Can I help you?
Quería . . .	I'd like . . .
Aquí tiene	Here you are
¿Tiene . . . ?	Have you got . . . ?

2 Here is Rosario's shopping list. Using the glossary, can you work out what she wants to buy?

Where would she go to buy each item?

postales
crema para el sol
periódico inglés
tiritas
guía de carreteras
sellos

3 First Rosario takes you to the **quiosco**. How does she say that she wants a **bonobús**? How does she ask if the shop has English newspapers?

Vendedor	**Hola, buenos días. ¿Qué desea?**
Rosario	**Hola, ... un bonobús.**
Vendedor	**Aquí tiene.**
Rosario	**Y ¿............... periódicos ingleses?**
Vendedor	**Sí, *The Guardian* y *The Times*.**

4 Listen to some key phrases.

¿Cuánto cuesta . . . ?	How much is . . . (it)?
este/esta	this (m./f.)
¿Cuánto cuestan . . . ?	How much are . . . (they)?
estos/estas	these (m./f.)
Lo siento	I'm sorry

5 Now to the **estanco** where Rosario buys postcards, and stamps **para Gran Bretaña** (for the UK). How does she ask how much the postcards cost? And how does she ask the price of a stamp (**un sello**)?

... and understanding the price

6 Next you visit the **librería** (bookshop) where Rosario hopes she will find **una guía de carreteras**. Does she finds what she wants? Note: **muy caro/cara** = very expensive; **otro/otra** = other.

Rosario	**Hola. ¿Tiene guías de carretera?**
Vendedor	**Sí, tengo ésta.**
Rosario	**Pero ésta es muy cara. ¿Tiene otras?**
Vendedor	**Lo siento, no tengo otra.**

7 You are now in **la farmacia**, where Rosario asks for three items, including one which wasn't on her list.

What does she ask for? ....

What is the total cost? .... euros

How much **cambio** (change) is she given? .... euros

8 You accompany Rosario into several shops where she asks the prices of certain items. Listen and write a price tag for each.

la revista

las gafas de sol

el bolso

9 Listen again to the audio. How does she ask the price of the magazine? And the sunglasses?

10 *a* How would you ask if the shop has the following?
- stamps • English magazines • suntan lotion

b How would you ask the price of the following?
- this road map • the sticking plasters • a stamp for the USA

Buying food ...

jamón 100gr. **cien gramos**

queso ½ kg

azúcar 1 kg

vino tinto **aceite de oliva** ½ l **agua mineral** 1 l

una botella **medio litro** **un litro** **medio kilo** **un kilo**

1 Berta and Antonio are making a list of groceries. Can you tick off the items as you hear them? Which item do they forget to write?

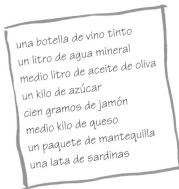

una botella de vino tinto
un litro de agua mineral
medio litro de aceite de oliva
un kilo de azúcar
cien gramos de jamón
medio kilo de queso
un paquete de mantequilla
una lata de sardinas

un paquete de a packet of
mantequilla butter
una lata de a tin of
una barra de pan a stick of bread

2 Listen to these key phrases.

Me da ... /Póngame ...   Could you give me ...
¿Algo más?   Anything else?
Nada más   That's all

3 Berta meets her neighbour, Félix, doing his shopping. What quantities of cheese and ham does he ask for?
How does he ask for a tin of **atún** (tuna)?

. . . and shopping in the market

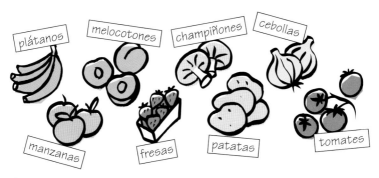

plátanos   melocotones   champiñones   cebollas

manzanas   fresas   patatas   tomates

4 Listen as Berta buys her **fruta y verdura** (fruit and vegetables) in the market. How much of each of the following does she buy?

.... peaches   .... bananas   .... onions

5 Félix is also in the market. Listen and make a note in Spanish of the items he asks for.

Póngame ....**. ¡Ah! Y me da** ....**.**

How does the stall holder ask if he wants anything else?
What does Félix reply?

6 How would you ask for the following?

- a kilo of cheese
- a kilo of apples
- a bottle of red wine
- a tin of tomatoes

- 200 grams of ham
- a litre of olive oil
- a bread stick
- a packet of coffee

Put it all together

1   Complete the expressions with one of these words:

botella
lata
barra
paquete
kilo

a   una .... de vino
b   medio .... de azúcar
c   un .... de mantequilla
d   una .... de tomates
e   una .... de pan
f   una .... de agua

2   Complete the dialogue with one of these expressions:

nada más   quería   me da   cuánto cuestan

– Hola, ¿qué desea?
– .... un kilo de manzanas. ¿.................?
– 3,20 € el kilo.
– Bien. .... también medio kilo de fresas.
– ¿Algo más?
– No, ...

3   Here is your shopping list:

    Can you write it in Spanish?

milk, mushrooms, cheese, potatoes, sugar, strawberries, white wine, bananas, tuna, melon, bread

....
....
....

4   Here are the prices of some expensive items. Can you say them in Spanish and then write them down?

a   **ciento noventa y ocho euros**   ....
b   **cuatrocientos sesenta y seis euros**   ....
c   **setecientos treinta y nueve euros**   ....
d   **novecientos noventa y nueve euros**   ....

Now you're talking!

1   You go to the market to do some food shopping. First, fruit and vegetables.

   ◇ **Buenos días, ¿qué desea?**
   ◆ Ask for a kilo of potatoes and half a kilo of mushrooms.
   ◇ **¿Algo más?**
   ◆ Ask whether she has any strawberries.
   ◇ **No, lo siento.**
   ◆ Then say you want half a kilo of bananas and a melon.
   ◇ **¿Algo más?**
   ◆ Say that's all and thank her.

2   Next you go to the **tienda de alimentación** (food shop).

   ◇ **¿Qué desea?**
   ◆ Ask the assistant for a baguette and a litre of milk.
   ◇ **¿Algo más?**
   ◆ Ask how much this ham costs.
   ◇ **12 euros el kilo.**
   ◆ Say you'd like 200 grams of ham and half a kilo of cheese.

3   Then you go to the **estanco** (tobacconist's). Read the following notes, then close your book and be guided by the audio. You will need to be able to:

   ◆ ask if the shop has stamps
   ◆ ask how much a stamp for Australia costs
   ◆ say you'd like two for Australia and one for France

Quiz

1 Where can you buy stamps in Spain?
2 How would you say you want a ten-trip bus ticket?
3 How would you ask if a shop has magazines?
4 Would you use **¿Cuánto cuesta?** or **¿Cuánto cuestan?** to ask the price of: **revistas inglesas**; **melones**; **el aceite de oliva**?
5 How would you ask for a stamp for Argentina?
6 What ingredients would you ask for in Spanish to make a ham and cheese sandwich?
7 Complete the following: **una** .... **de atún**; **una** .... **de agua mineral**; **un** .... **de café**.
8 What are onions and mushrooms in Spanish?
9 How much is **ochocientas ochenta y ocho euros?**

Now check whether you can ...

- ask how much something costs

- understand prices in hundreds of euros

- say you'd like something in a shop

- give details of what you want to buy, e.g. a kilo, half a litre, 250 grams of food, a bottle, a tin, a packet of something

- ask for stamps for a particular country

Looking things up in a dictionary can be more complicated than using the glossary and it is useful to know some basic grammatical terms and abbreviations. If you look up 'orange' you'll find something like this:

orange 1 n. (*fruit*) naranja f.; (*tree*) naranjo m.;
2 adj. (*colour*) naranja, anaranjado

Key: n. = noun, f. = feminine, m. = masculine, adj. = adjective

1 Ramiro, a tourist guide in Villagracia, recommends his group to visit three places of special local interest. Listen and make a note of where each one is and how long it would take to walk there.

	¿Dónde?	¿Cuántos minutos?
a **La catedral**	....	....
b **El castillo**	....	....
c **Las ruinas**	....	....

2 Listen again and decide whether you have got the right information about **entradas** (admission tickets) and opening times. Correct any wrong information.

a Entrance to the cathedral is free and it's open from 10 a.m. to 4 p.m.

b Entrance to the castle costs 3,20 euros and it's open from 9 a.m. to 6 p.m.

c Entrance to the ruins costs 3,50 euros and it's open all day.

3 Ana, a visitor to Villagracia, asks the whereabouts of three shops in the town. Which shops does she want and what number on the map corresponds to each one?

	shop	number on map
a	....	....
b	....	....
c	....	....

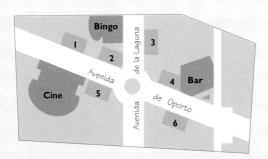

4 Here is Ana's shopping list. Listen and fill in the quantities she requires:

....	**de pan**	....	€
....	**de leche**	....	€
....	**de mantequilla**	....	€
....	**de atún**	....	€
....	**de queso**	....	€
....	**de jamón**	....	€
	Total:	....	€

5 Ana is now at the shop checkout. Listen as the assistant adds up the prices, and note down on the list above the cost of each item and the total amount.

6 Listen as four people say where they'd like to live. From what they say, can you guess their occupations? Choose from the words below:

1	....	**secretaria**	**camarero**
2	....	**enfermero**	**dentista**
3	....	**artista**	**profesora**
4	....	**dependienta**	**contable**

7 Listen as Amelia, the receptionist in an evening school in Madrid, asks a new student for some personal details, and then complete the application form.

Nombre .... **Apellido(s)** ....

Nacionalidad .... **Edad** ....

Dirección ....

Profesión ....

Teléfono ....

8 In the school, Matías the porter is directing students to certain rooms. Listen and decide how you would find the rooms of these three people:

a **Señor López** ....
b **Señora Martínez** ....
c **Señor Rico** ....

9 What questions would Amelia ask Carmen to get the following answers?

a .... **Carmen Salgado.**
b .... **Tengo 30 años.**
c .... **Vivo en Sevilla.**
d .... **Calle Sierpes, 23.**
e .... **Soy enfermera.**
f .... **En el hospital.**

10 Which phrase would you use in each situation?

¿Cuánto cuesta?	**Lo siento, no sé**
¿Puede repetir?	**¿Cuánto cuestan?**
¿Tiene sellos?	**¿Hay un estanco por aquí?**

a . . . to ask if there is a tobacconist's in the area
b . . . to ask if a shop sells stamps
c . . . to find out the price of cheese
d . . . to ask the price of melons
e . . . to ask someone to repeat what they've said
f . . . to say you're sorry, you don't know

11 Fill in the gaps in these sentences using one of the following words: **este; esta; estos; estas**

a **Quería un kilo de** .... **queso.**
b **Póngame medio kilo de** .... **champiñones.**
c **Me da un kilo de** .... **manzanas.**
d **¿Cuánto cuesta** .... **piña?**

12 Where would you buy the items on this list?

Quiosco	Estanco
....	....
....	....
....	....

Farmacia	Supermercado
....	....
....	....
....	....

sellos
tiritas
queso
periódicos
revistas
azúcar
aspirinas
jamón
postales
crema para el sol
cigarros

13 Some of the information in this description
of Villagracia doesn't quite correspond to the map.
Can you spot three mistakes? (We have given you three words you
may not know; if there are others, look them up in the glossary.)

Villagracia es un pueblo bonito y tranquilo. Tiene
500 habitantes y está en el norte de la provincia, a 75
kilómetros de la capital. Tiene una Plaza Mayor muy
interesante donde también está el Ayuntamiento, un
edificio del siglo XVI. Al lado del Ayuntamiento está la
Catedral, de estilo gótico. En la calle Miraflores está el
Palacio Cortera, del siglo XVII. Enfrente del palacio está
el Hotel Condestable y el
restaurante típico Los Mirillos.

bonito pretty
del siglo XVI 16th-century
de estilo gótico in the
gothic style

Quisiera una habitación

- checking in at the hotel
- finding a hotel room
- booking ahead by phone
- making requests

En España ...

you'll find a wide choice of accommodation, ranging from basic **hostales** (small, often family-run hotels) and **albergues juveniles** (youth hostels) to exclusive **hoteles de cinco estrellas** (five-star hotels). At the top of the range are the luxurious **paradores nacionales** (usually historic buildings that have been converted into hotels).

The price of **una habitación** (a hotel room) is always on display in the room. You can either ask for the room on its own or with **desayuno incluido** (breakfast included). **Media pensión** is half board and **pensión completa** is full board.

Checking in at the hotel

I   Listen to these key phrases.

Tengo una habitación reservada   I've booked a room
a nombre de ...   in the name of ...
... para esta noche   ... for tonight

una habitación individual

con baño

con ducha

una habitación doble ...

con dos camas

con cama de matrimonio

en la segunda planta   on the second floor
en la primera planta   on the first floor
en la planta baja   on the ground floor

¿Me da su pasaporte?   Can I have your passport?

2   Antonio Bautista is working in reception at the Hotel Sol. Listen as
he greets three guests and checks their names, before giving them the
key (**la llave**). What has each one booked? Fill in the details below.

	indiv.	doble matr/ 2 camas	baño ducha	número	planta
Sra Sierra	....	....	....	....	....
Sr Gari	....	....	....	....	....
Sra Balduque	....	....	....	....	....

3   Listen again and make a note of where the lift (**el ascensor**) is.

....

Finding a hotel room

1 Listen to these key phrases.

¿Tienen habitaciones libres?   Have you any rooms?
Quisiera una habitación   I'd like a room
...para dos noches   ...for two nights
Sí, tenemos   Yes, we have

lunes (Mon)	**jueves** (Thurs)
martes (Tue)	**viernes** (Fri)
miércoles (Wed)	**sábado** (Sat)
	domingo (Sun)

2 A man arrives at reception, and asks Antonio at the desk for a room. Listen and decide which days of the week he wants it for.

3 **¿Cómo se escribe?** (how do you spell it?) Listen as María says the Spanish alphabet and then spells her own surname. What is it? ....

Now try spelling your own name.

4 Now listen to the whole conversation between Antonio and the man in reception. What is his surname? ....

5 How would you say you'd like the following?

- for tonight
- for five nights
- for three nights
- for two nights – Friday and Saturday

Quisiera una habitación 73

Booking ahead by phone

1 Listen to these key phrases.

¿Dígame?	Hello (on the phone)
Quisiera reservar una habitación	I'd like to book a room
¿Para cuántas noches?	For how many nights?
¿Para cuándo?	When for?
Para una semana	For a week
Vale, de acuerdo	OK, agreed
El hotel está completo	The hotel is full

enero January	**febrero** February	**marzo** March	**abril** April
mayo May	**junio** June	**julio** July	**agosto** August
septiembre September	**octubre** October	**noviembre** November	**diciembre** December

En español ...

dates are formed by using **el** + number + **de** followed by the month.

el uno de enero	1st January
el doce de marzo	12th March
desde el 20 al 22 de julio	from 20th to 22nd July
hasta el 4 de agosto	until 4th August

2 The receptionist at the Hotel Sol is taking bookings over the phone. Listen and fill in the dates mentioned in each case.

a **Para dos noches, el** .... **y el** .... **de** ....
b **Para cinco noches, desde el** .... **de** ....
c **Para una semana en** ...., **desde el** .... **hasta el** ....

Making requests

1 Listen to these key phrases.

¿Puedo /¿Podemos ...   Can I /Can we ...
... ver la habitación?   ... see the room?
... pagar con tarjeta de crédito? ... pay by credit card?
... dejar la maleta aquí?   ... leave the suitcase here?
... llamar por teléfono?   ... make a phone call?
... aparcar aquí?   ... park here?
Sí, claro/por supuesto   Yes, certainly/of course

2 In the Hotel Sol, some of the guests are leaving, others are arriving and each one is asking if they can do something. As you listen, can you work out who asks to do what?

a	el Sr López	leave the case in reception
b	María Ribera	make a phone call
c	la Sra Gordillo	speak to the manager
d	Luis Romero	pay by credit card
e	los Sres Molina	see the room

> **En español ...**
>
> the verb which follows **puedo/podemos** or **quisiera** is in the infinitive (the form you find in the dictionary) and doesn't change its ending.

3 A couple arriving at the hotel are unsure where to leave the car. Listen to their conversation and decide where they are advised to park.

4 You have been offered a room in a hotel. How would you ask whether you can:

- see the room?
- pay by credit card?

Put it all together

1 Match the English with the Spanish.

a	I've booked a room	**Quisiera una habitación**
b	Do you have any rooms?	**Tengo una habitación reservada**
c	I'd like a room	**A nombre de**
d	In the name of	**¿Puedo . . . ?**
e	For how many nights?	**¿Tienen habitaciones libres?**
f	Can I . . . ?	**¿Para cuántas noches?**

2 Complete the dialogue with words from the box.

para
individual
cuánto
son
tienen

Cliente	**Buenos días, ¿**.................. **habitaciones libres?**
Antonio	**¿Para cuántas noches?**
Cliente	.... **dos noches.**
Antonio	**¿**.................. **o doble?**
Cliente	**Individual y con baño, por favor.**
Antonio	**Sí, tenemos una habitación.**
Cliente	**¿**.................. **cuesta?**
Antonio	.... **30 euros por noche.**
Cliente	**Vale, de acuerdo.**

3 Look at the following hotel advert and decide whether the following
statements are **verdadero** or **falso**.

> **Hotel Rosas** ★★★
> c/ Palma, no 101. Tel: 93/2547322
> • en el centro de la ciudad
> • 35 habitaciones con aire acondicionado, TV
> • aparcamiento privado
> • cerrado 30 noviembre–1 marzo

a **Está lejos del centro.**   b **No hay piscina.**
c **Hay televisión en todas las habitaciones.**
d **Está abierto todo el año.**

Now you're talking!

I Take the part of Alice Benson arriving at the Parador de Santiago de Compostela.

⬦ **Buenas tardes.**
◆ Greet the receptionist and say that you've booked a room.
⬦ **¿Su nombre, por favor?**
◆ Tell her your name.
⬦ **Una habitación doble con baño, ¿verdad? Para tres noches.**
◆ Say no, for four nights.
⬦ **Un momento, ¿cómo se escribe su nombre?**
◆ Spell your surname.
⬦ **Ah, sí. Perdone, señora. Una habitación doble para cuatro noches.**

2 This time, you phone the Hotel Miramar to book a room.

⬦ **Hotel Miramar, ¿dígame?**
◆ Say hello and that you'd like to book a double room with bath in July.
⬦ **¿Para cuándo en julio?**
◆ Say from the 15th to the 21st.
⬦ **Lo siento, pero el día 15 está completo. El día 16 tenemos una habitación libre.**
◆ Say that's OK.
⬦ **Muy bien, una habitación doble desde el 16 al 22 de julio. ¿Su nombre, por favor?**

Quiz

1 Can you rearrange these words to form a sentence?
   una / con / baño / habitación / quisiera / doble
2 How would you say 'for tonight' in response to **¿Para cuántas noches?**
3 Which month follows **junio?**
4 What is the Spanish for 'from Monday to Wednesday'?
5 What is **la planta baja?**
6 How do you say in Spanish: 'until the 5th August'?
7 If you hear: **¿El desayuno está incluido?** what does someone want to know?
8 When would you use **puedo** and when **podemos?**
9 If you have booked **una habitación con media pensión** in a hotel, would lunch be included?

Now check whether you can . . .

- say you've booked a room

- ask for a room in a hotel and specify single or double

- ask for a double room with a twin bed or a double bed

- say whether you want a room with or without a bath or shower

- say how long do you want the room for and specify dates

- spell your name in Spanish

Don't worry about making mistakes. You will learn much more quickly if you try and express yourself, even if you make a few mistakes, than if you say nothing at all until you are word perfect. Most of the time people will still understand you despite your mistakes!

9

NUEVE

¿A qué hora sale el tren?

- asking about public transport
- finding out travel times
- buying tickets
- checking travel details

En España ...

although **el coche** (the car) is the most popular means of transport, **los trenes** (trains) and **los autobuses** (buses, coaches) are widely used. Coaches are cheap and convenient with many local and national companies providing long- and short-distance services.

For a more comfortable journey you can use the railway network (**RENFE**). The **Talgo** and **Ter** are fast, comfortable trains and they cover most of the important routes. Between **Sevilla** and **Madrid** the **AVE** (high-speed train) allows passengers to do a 600-km journey in two and a half hours.

Asking about public transport . . .

I Listen to these key phrases.

¿Cómo se puede ir a . . . ?	How can one get to . . . ?
Se puede ir . . .	You/One can go . . .
. . . en tren o en autobús	. . . by train or bus
¿Cuál es mejor?	Which is better?
El coche es más rápido	The car is faster

En español . . .

an adjective ending in **-o** such as **rápido** (fast), **lento** (slow), **barato** (cheap), **caro** (expensive), changes to **-a** before a feminine noun:

el tren es barato	the train is cheap
la habitación es barata	the room is cheap

To express the idea of something being faster, cheaper or more expensive, the word **más** goes before the adjective.

el coche es más rápido   the car is faster

2 Anabel arrives at the airport and wants to know how she can get to the city centre. How does she ask? What is she told? Fill in the gaps.

Anabel	**¿Cómo** .... **ir al centro?**
Empleado	**Se puede ir** .... **o** ....
Anabel	**¿Cuál es mejor?**
Empleado	**El** .... **es más rápido.**

3 Anabel is spending her holidays travelling round Spain. What advice is she given at the **oficina de turismo**? Are these phrases true or false?

a She can get to Toledo by train or by bus.
b The train is faster.   *c* The bus is cheaper.

4 How would you ask how to get to:

- Salamanca?   • the station?

...and finding out travel times

5 Listen to these key phrases.

¿A qué hora ...	What time ...
sale el próximo tren ...	does the next train leave ...
...para Sevilla?	...for Seville?
¿A qué hora llega ...	What time does it arrive ...
...a Sevilla?	...in Seville?
...de Alicante?	...from Alicante?
Sale/llega a las catorce	It leaves/it arrives at 14.00

En español ...

times given in hours and minutes (such as official train times) are as follows:

a las diez veinticinco	at 10.25
a las veinte cuarenta	at 20.40

6 Listen to three passengers enquiring about the departure and arrival times of trains to three cities and make a note of the times you hear.

	Almería	Córdoba	Soria
Salida (departure)	....	....	....
Llegada (arrival)	....	....	....

7 Now listen as Anabel finds out the time of the next bus to **la playa** (the beach). What question does she ask? What answer is she given?

8 How would you ask what time the next train:

- leaves for Barcelona?
- arrives in Barcelona?
- arrives from Madrid?

Buying tickets . . .

1 Listen to these key phrases.

Quería un billete para ...	I'd like a ticket for ...
de ida	single
de ida y vuelta	return
de primera	first class
de segunda	second class
para hoy/mañana	for today/tomorrow
para el día catorce	for the 14th

2 Anabel is buying a train ticket to Malaga. Listen and fill in the details of the type of ticket she wants and when she wants to travel.

– **Quería un billete para Málaga,
   de** .... **, para** ....
– **¿De ida o de ida y vuelta?**
– ....
– **¿Fumador o no fumador?**
– .... **¿Cuánto es el billete?**
– **Son 25 euros.**

NO FUMADOR

3 Listen as three more people buy their train tickets. Can you indicate in each case the type of ticket they buy and when it's for?

	Tipo de billete				¿Para cuándo?
	de ida	de ida y vuelta	1a	2a	
La Coruña	░	░	░	░	....
Ponferrada	░	░	░	░	....
Pamplona	░	░	░	░	....

4 How would you ask for

- a single ticket to Malaga for today?
- a return ticket for tomorrow, second class?

...and checking travel details

5 Listen to these key phrases.

¿Es directo?	Is it a through train?
¿Tengo que ...?	Do I have to ...?
Tiene que ...	You have to ...
...hacer transbordo	...change
...bajar	...get off (train or bus)
...reservar plaza	...book a seat

6 Listen as three **viajeros** (passengers) check the details of their journey. Can you say which passenger is advised to do what?

viajero 1
viajero 2
viajero 3

> change at Medina
> get off at the next station
> book a seat

7 Listen to the announcements and check whether the information on the board is accurate. Which train **tiene retraso** (is arriving late)?

Procedente de	Llegada	Andén
(Coming from)	(Arrival)	(Platform)
Teruel	12.35	14
Zaragoza	12.45	16
Lérida	12.50	7
Sabadell	12.05	12

8 While waiting on platform 7 for a friend coming from Malaga, Amalia hears this announcement. Can you fill in the blanks? Is any of the information relevant to her?

– Atención, señores viajeros. El tren .... Málaga sale del andén 2 a las 14.35. El tren .... Málaga tiene 5 minutos de retraso. Llega al andén ....

Put it all together

1 Complete these sentences with one of the words or expressions in the box.

a ¿............... un autobús para Santander?
b ¿Cómo .... ir a Gerona?
c ¿A qué hora .... el tren?
d ¿............... hacer transbordo?
e Quería un billete ....
f ¿Tengo que .... aquí?

> sale
> hay
> de ida y vuelta
> tengo que
> se puede
> bajar

2 Now match each sentence from Activity 1 with an answer.

1 ¿Para cuándo?
2 En tren o en autobús.
3 No, en la próxima estación.
4 Sí. Hay uno a las 14.00 y otro a las 16.00.
5 No, es directo.
6 A las 13.30.

3 Which one is faster or more expensive? Compare the items in brackets as in the example.

e.g. (coche: 100 km/h – autobús: 80 km/h):
         el coche es más rápido.
a (tren: 27 euros – autobús: 22 euros):
         el autobús ....
b (tren: 85 km/h – autobús: 70 km/h):
         el tren ....
c (cerveza: 1,30 euros – vermú: 1,80 euros):
         la cerveza ....

4 Work out how you would say the following times in Spanish, using the 24-hour clock.

a at 10.40   b at 12.10   c at 16.25   d at 22.55

Now you're talking!

1   While on holiday in Spain with a group of friends, you want to know
    how to get to Santa María. You get talking to someone in a bar.

    ◆ Ask her how you can get there.
    ◇ **Se puede ir en tren o en autobús.**
    ◆ Ask her whether the train is expensive.
    ◇ **No, no. Pero el autobús es más barato.**

2   As your new friend is not sure of the departure times, you go to the
    station to make some enquiries.

    ◆ Ask what time the train for Santa María leaves.
    ◇ **A las 09.10.**
    ◆ And what time it arrives.
    ◇ **A las 10.35**
    ◆ Ask whether you have to change.
    ◇ **No, es un tren directo.**
    ◆ Ask how much a return ticket costs.
    ◇ **22,50 euros.**

3   Now buy your tickets.

    ◆ Say you want four return tickets.
    ◇ **¿Para cuándo?**
    ◆ Say it's for 20th May.
    ◇ **Aquí tiene sus billetes. Son 90 euros.**

4   Señora Cortázar has asked you to buy a train ticket for her. You
    phone her and confirm the details. Be guided by the audio. You
    need to be able to say:

    ◆ it leaves at 08.45 and arrives at 12.35
    ◆ she has to change at Palencia

Quiz

1   If 'strong' is **fuerte** and 'high' is **alto**, how would you say 'stronger' and 'higher'?
2   What is the Spanish word for 'platform'?
3   How do you say 'I have to …'?
4   What does **hacer transbordo** mean?
5   If you want to buy a ticket to Toledo, do you ask for **un billete para Toledo** or **un billete de Toledo**?
6   What is the opposite of **rápido**? And the opposite of **caro**?
7   How would you say to someone 'it arrives at 05.20'?
8   If you see the word **Salidas** at a station or airport, does it mean arrivals or departures?
9   You hear a woman on a platform asking **¿Tiene retraso?** What does she want to know?

Now check whether you can …

■   enquire about available means of transport

■   find out which means of transport is better

■   ask what time trains or buses leave and arrive and understand the answer

■   find out whether your train is direct

■   ask whether you have to book a seat

■   buy a ticket (specifying details)

When learning a language, it can be very easy to underestimate how much you know. Go back occasionally to one of the early units to prove to yourself how much you've learnt. Think also about what you find easy … and difficult. If you can identify your strengths and weaknesses, you can build on your strengths and find ways of compensating for the weaknesses.

DIEZ

¡Que aproveche!

- reading the menu
- asking about items on the menu
- ordering a meal in a restaurant
- saying what you like and don't like
- paying compliments

En España ...

meals at home with friends or family are often very long, as people tend to linger at the table afterwards, enjoying **la sobremesa** (small talk round a table).

La cocina española (Spanish cuisine) has many regional varieties, and there are plenty of restaurants to suit your personal preference and budget. You can expect excellent quality as well as quantity. You will usually be offered **la carta** (menu) and a **menú del día** (economically priced set menu) which includes three courses plus **pan** (bread) and **vino** (wine).

At the beginning of a meal it is customary to say to people **¡Que aproveche!** (Enjoy it!)

MENÚ

Entremeses
Entremeses de la casa
Boquerones en vinagre

Starters, usually cold meats, marinated cold fish such as **boquerones** (fresh anchovies), **aceitunas** (olives) or vegetables

Primer plato
Sopa del día
Paella
Cocido madrileño
Ensalada mixta
Judías blancas con arroz

First course, usually **sopa** (soup), **arroz** (rice), vegetables or pulses such as **judías blancas** (haricot beans)

Segundo plato
Filete con patatas
Pollo al ajillo
Chuletas de cordero
Sardinas a la plancha
Merluza a la romana

Second course, usually **carne** (meat), **pescado** (fish) or poultry

Postre
Fruta del tiempo
Flan con nata
Helado variado
Crema catalana

Dessert, usually including **flan** (caramel custard) and **helado** (ice cream)

Reading the menu

1 Read the menu opposite and see how much of it you already understand or can guess.

2 Now read through the following notes, then go back and read the menu again. You may also need to consult the glossary.

Some of the terms you find in a menu are very general.

. . . del día	. . . of the day
. . . de la casa	. . . of the house
. . . del tiempo	. . . in season
. . . mixta	mixed . . .

Others, often starting with **al** or **a la**, are more precise and refer to the main ingredient of a dish, the way it is cooked or the region that it comes from.

al ajillo	with garlic	**a la romana**	cooked in batter
a la pimienta	with pepper	**madrileño**	Madrid style
a la plancha	grilled	**(a la) catalana**	Catalan style
al horno	baked		

Fresh fish and **mariscos** (seafood) are important ingredients in the Spanish diet. Among the most common dishes are **calamares** (squid), **gambas** (prawns), **merluza** (haddock), **besugo** (sea bream), **lenguado** (lemon sole) and **pez espada** (swordfish).

Meat is usually **vaca** (beef), **ternera** (veal), **cordero** (lamb), **cerdo** (pork) or **pollo** (chicken). It might be served in one of the ways described above, or possibly **guisado** (stewed), **asado** (roast) or **frito** (fried).

Filete is a steak, and **chuletas** chops.

Cocido madrileño is a dish of meat, vegetables and chickpeas, typical of the Madrid region.

Asking about items on the menu

1   Listen to these key phrases.

Una mesa para tres   A table for three
¿Qué es . . . ?   What is . . . ?
¿Cómo es la paella?   What's the paella like?
¿Lleva carne/ajo?   Does it have meat/garlic?

2   In the Casa Mario restaurant, Fernando the waiter shows some
people to their table. They order drinks and **una ración** (portion)
of two types of starters.
Check the menu on page 88 and tick the starters as you hear them.

3   Fernando tells them what there is **de primero** (for first course).
All the items are on the menu on page 88. Tick them as you
hear them.

4   Listen as they ask Fernando two questions about the dishes.
How do they ask what **cocido madrileño** is?
How do they ask whether the **paella** has any meat in it?

5   Listen again carefully. Can you identify the ingredient which is
missing from each recipe?

COCIDO MADRILEÑO

garbanzos (chickpeas)
verduras (green vegetables)
....
zanahorias (carrots)

PAELLA

arroz (rice)
pimientos (peppers)
tomates (tomatoes)
....
mejillones (mussels)

Ordering a meal in a restaurant

1 Listen to these key phrases.

Para mí ...   For me ...
(Yo) voy a tomar ...   I'll have ...
de primero   for first course
de segundo   for second course
de postre   for dessert
Para beber ...?   To drink ...?

2 A couple with their daughter order their
   primer plato from this menu. Check
   any words you don't know in the
   glossary, then listen and complete
   their conversation.

   Señor   ...., de primero,
             sopa de verdura.
   Señora   **Yo** .... **judías blancas**
             con arroz y .... **mi**
             hija ensalada mixta.

   ### MENÚ

   Primero
   Sopa de verdura
   Ensalada mixta
   Judías blancas con
   arroz

   Segundo
   Tortilla de patatas
   Besugo al horno
   Sardinas a la plancha

   Postre
   Flan o fruta del tiempo

3 A young woman is eating alone at the
   next table. She's a vegetarian. Listen as she
   orders her food and tick what she chooses from the menu.

   Does she want sparkling or still water?

4 How would you say that you'll have:

   - white beans with rice?
   - grilled sardines?
   - potato omelette?
   - baked sea-bream?

Saying what you like and don't like . . .

1 Listen to these key phrases.

¿Qué tienen . . . ?	What do you have . . . ?
Me gusta . . .	I like . . .
No me gusta	I don't like . . .
¿Te gusta . . . ?	Do you like (**tú**)
¿Le gusta . . . ?	Do you like (**usted**)

2 One table has finished their **segundo plato**, and calls Fernando. How does the client ask what desserts they have?

Which of the following are they offered?

fresas	**crema catalana**	**helado**	**flan con nata**
yogur	**tarta de manzana**	**queso**	**melocotón**

3 Listen as Fernando brings the dessert over and decide who likes and who doesn't like **queso manchego** (a Spanish cheese from La Mancha region).

	me gusta	no me gusta
Señor		
Señora 1		
Señora 2		

4 How would you say you like:

● red wine? ● cheese? ● melon?

> **En español . . .**
>
> to say something is 'very good' etc, you can add **-ísimo** to the adjective minus its final vowel.
>
> **el flan está bueno** . . . **buenísimo**
> **la tarta está buena** . . . **buenísima**

. . . and paying compliments

5 Listen to these key phrases.

¿Todo bien?	Is everything all right?
¿Le gustan . . .	Do you like . . .
. . . los quesos españoles?	. . . Spanish cheeses?
Me gustan . . .	I like . . .
. . . todos los quesos	. . . all cheeses

6 The **dueño** (owner) of the Casa Mario restaurant comes to the table to ask if everything is all right. Tick any of the comments which you hear.

Está muy bueno ¡Perfecto! Está deliciosa ¡Qué bueno! Me gustan Está buenísimo

En español . . .

if you like something which is plural, you replace **gusta** with **gustan**:

¿Le gustan los pimientos?	Do you like peppers?
Sí, me gustan	Yes, I like them
¿Te gustan los mejillones?	Do you like mussels?
No, no me gustan mucho	I don't like them much

7 The family are eating their desserts. Do they like them? Listen and fill in the gaps.

Padre **Está muy buena esta tarta. ¿Te ...., Lola?**
Lola **Me .... mucho. Me .... mucho las manzanas.**

8 How would you say you like:

- peaches?   • strawberries?   • Spanish cheeses?

Put it all together

1 Match the Spanish with the English

a	**asado**	of the house
b	**al horno**	roast
c	**frito**	in season
d	**al ajillo**	grilled
e	**del tiempo**	fried
f	**a la plancha**	with garlic
g	**de la casa**	baked

2 Put the following dishes in the right columns.

chuletas de cordero   **helado**   **pollo**
judías blancas con arroz   **ensalada**   **lenguado**
melón con jamón   **cerdo**   **flan**

primero	segundo	postre
....	....	....
....	....	....
....	....	....
....	....	....

3 How would you say you like the following dishes?

a **la tortilla de patatas**
b **la paella**
c **las chuletas de cordero a la plancha**
d **los calamares a la romana**
e **las fresas**
f **la tarta de manzana**

4 Can you supply the ending to the adjectives in these sentences?
Exquisito is often used to describe something which is excellent.

a **Este vino está exquisit_.**
b **El queso está muy buen_.**
c **La tarta está buenísim_.**

Now you're talking!

I Imagine you are going out for a meal in the Casa Mario restaurant with your daughter who doesn't speak Spanish. You might need the menu from page 88.
You are greeted by Fernando ...
   ◇ **Buenas tardes. ¿Una mesa para dos?**
   ◆ Say yes, for two.
   ◇ **Aquí tiene el menú.**
   ◆ Thank him.

He returns a few minutes later.
   ◇ **¿Qué van a tomar?**
   ◆ Ask for the soup for your daughter and the **paella** for yourself.
   ◇ **¿Y de segundo?**
   ◆ Order the steak and the sardines.
   ◇ **¿Con patatas o ensalada?**
   ◆ Order potatoes and a salad.

When he brings the food:
   ◇ **Aquí tienen, el filete y las sardinas. ¡Que aproveche!**
   ◆ Say you'd like the house red wine.
   ◇ **¿Un litro?**
   ◆ Say half a litre.

He comes back while you are eating.
   ◇ **¿Todo bien?**
   ◆ Say yes, say the fish is very good.
   ◇ **¿Van a tomar postre?**
   ◆ Ask what they have for dessert.
   ◇ **Flan con nata.**
   ◆ Say you like flan but you don't like cream and order just a flan (**sin nata**).

Quiz

1 How would you ask for a table for four?
2 To say that you like **pollo asado** would you use **me gusta** or **me gustan**?
3 What is the main ingredient of a dish **al ajillo**?
4 What would you say to find out if a dish has meat in it?
5 Before starting your meal, what would you say to the people eating with you?
6 Is lamb **cerdo** or **cordero**?
7 How would you say that the **paella** is very good?
8 What is the word for 'a starter' when ordering your meal?
9 How would you say you don't like meat?

Now check whether you can ...

■ understand the main points of a Spanish menu

■ ask about items on the menu

■ order a meal with drinks

■ say what you like and what you don't like

■ ask others what they like

■ pay a compliment

¡Enhorabuena! (Congratulations!) You have reached the end of *Talk Spanish*.

And now ... prepare yourself for **Repaso 3** with some revision. Listen to the conversations again – the more you listen, the more confident you will become. You can test your knowledge of the key phrases by covering up the English in the lists. Look back at the final pages of each unit and use the quizzes and checklists to assess how much you remember. And take every opportunity to speak Spanish; if no one else is available, talk out loud to yourself!

Repaso 3

Imagine you have just arrived in Spain on holiday . . .

| You arrive in Madrid at **la estación de Atocha** on a Monday evening, tired and thirsty, and look for a bar.
Which of these questions would you ask?

a **Perdone, ¿dónde está el museo?**
b **Perdone, ¿hay un bar por aquí?**
c **Perdone, ¿hay un banco cerca de aquí?**

2 Having found a bar in the station, you decide what you want to drink. Listen to the audio and be ready to order a black coffee and then to ask how much it is.

You	....
Camarero	**Aquí tiene.**
You	....
Camarero	**Son ochenta céntimos.**

How much change should you expect from a two-euro coin?

3 While you are in the bar, you ask the waiter where the Hotel Capitol is. Listen and make a note of the directions he gives you.

¿Dónde está el Hotel Capitol?

....

....

4 Before making your way to the Hotel Capitol, you go to the information office to find out when the first train leaves for **Sevilla** on Wednesday, when it arrives and how much a single ticket costs. For each question, choose the correct option.

a **¿A qué hora sale el primer/próximo tren para Sevilla, el miércoles/martes por la mañana?**
b **¿A qué hora llega a/de Sevilla?**
c **¿Cuánto es/son el billete de ida y vuelta/ de ida?**

5 Now listen to the audio and make a note of the time the first train leaves Madrid and when it arrives in Seville. Then jot down the price of the ticket.

Salida   **Llegada**   **Precio del billete**

....

6 In Seville you make your way to the Hotel María Cristina, where you have already booked a single room with shower until Saturday. At reception, after saying who you are, which of the following would you say?

a   **Quisierauna habitación individual con ducha para el miércoles.**

b   **Quisierauna habitación doble con ducha desde el miércoles al sábado.**

c   **Tengo reservada una habitación individual con ducha para tres noches, desde el miércoles hasta el sábado.**

d   **¿Tiene una habitación individual libre para el miércoles?**

7 Listen to the receptionist's reply. Make a note in English of the two things she asks you, and also of your room number and on which floor the room is.

a   ....

b   ....

c   **Habitación** .... **Planta** ....

8 The Hotel María Cristina will change money for you. Listen to the manager telling you the rate of exchange (**el cambio**) for the pound (**libra esterlina**). What does he say is the current rate?

a   1,16 €

b   1,61 €

c   1,71 €

9 That evening in the hotel bar, you start chatting to Raúl Marques from Buenos Aires in Argentina. He's a designer and travels a lot for his job. Listen to his plans for the week and note them in your diary.

Monday	Thursday
Tuesday	Friday
Wednesday	Saturday
	Sunday

10 From what you already know about Raúl, can you work out how he would answer these three questions?

a ¿Cómo se llama?
b ¿Es español?
c ¿Dónde vive?

Now, can you work out what questions you would need to ask him if these are his answers?

d ....
  Sí, estoy casado.
e ....
  Se llama Teresa.
f ....
  Sí, tengo un hijo – Carlos.
g ....
  Tiene cuatro años.
h ....
  Soy diseñador de moda.
i ....
  Sí, hablo inglés, español, francés y un poco de catalán.
j ....
  Sí, me gusta mucho la comida española.

Finally, he asks you some questions. Listen to the audio.

11 Raúl is planning to rent an apartment and bring his wife and son to Spain. He shows you some information about Apartamentos Zahara.

Apartamentos Zahara ★★★★
Conil (Cádiz) Tel: 95/2355110

		temporada alta de julio a septiembre	temporada baja de abril a junio de octubre a marzo
●	1 dormitorio	150 €	114 €
●	2 dormitorios	180 €	144 €

a Prices are per week. Can you work out the price for Raúl and his family to stay in Apartamentos Zahara for two weeks in August? They will want an apartment with two **dormitorios** (bedrooms).

b If he pays by cheque, how will he write the amount in words?

12

The two of you decide to eat in an Andalusian restaurant that Raúl has seen advertised.

Restaurante
EL BAJO GUÍA

Especialidad: Mariscos y Pescados fritos
Cocina andaluza tradicional – vinos locales
Vista panorámica de la Giralda
cerrado los domingos

a What is the house speciality?
b Is the restaurant open tonight (Wednesday)?
c What kind of wines can you expect?
d What does **cocina andaluza** mean?

Audio scripts and answers

This section contains transcripts of all the conversations. Answers which consist of words and phrases from the conversations are given in bold type in the transcripts. Other answers are given separately, after each activity.

Unit 1 ¡Hola!

Pages 8 & 9 Saying hello and goodbye

2 • Buenos días, **señora** Sánchez.
  • Hola, buenos días, **señor** García.
  • Buenos días, **señora** Gutiérrez.
  • Buenos días, **señor** Robles.

3 • **Buenas tardes**, señora Sánchez.
  • Hola, buenas tardes. **¿Cómo está?**
  • **Bien, gracias. ¿Y usted?**
  • **Bien, bien . . .**

4 • **Hola, Amelia. ¿Qué tal?**
  • **Bien. Y tú, ¿cómo estás?**
  • Bien.

6 • **Adiós, hasta luego**, señor Rodríguez.
  • **Adiós, buenas tardes**, señora Sánchez.

7 • **Adiós**, señor García.
  • **Adiós, buenas noches.**

8 • Buenos días. (*to Laura Pérez*)
  • Hola, buenas tardes. (*to Carlos Ramos*)
  • Hola, ¿qué tal? (*to Fernando*)
  • Buenas noches. (*to Sra Alameda*)

9 • ¿Cómo estás? (*to Fernando*)
  • ¿Cómo está? (*to an elderly neighbour*)
  • Adiós, buenas tardes. (*to Laura Pérez*)
  • Adiós, hasta luego. (*to Fernando*)

Pages 10 & 11 Introducing yourself and getting to know people

2 • Buenos días. ¿Usted es **Juan Valcárcel**?
  • Sí, soy yo.

  • Hola, buenos días. ¿Usted es?
  • Hola. Soy **Carmen Terrás**.

  • Buenos días. ¿Usted es Olga López?
  • No, yo soy **Olga Sánchez**.
  Juan Valcárcel & Carmen Terrás are correct but it's Sánchez not López.

3 • Hola, buenos días. **Soy** Javier Peñalver.
  • Buenos días. **Yo soy** Luis Román. ¿Cómo está?
  • Bien, gracias. Hola. **¿Es** usted Gema Miranda?
  • No, **soy** Julia Miranda.

5 • Hola, soy Eduardo Flores. **¿Cómo se llama?**
  • **Me llamo** Mercedes Guillén.
  • **¿Perdón?**
  • Guillén, Mercedes Guillén.
  • **Mucho gusto.**

6 • Hola. ¿Cómo te llamas?
  • Alejandra. ¿Y tú?
  • Yo **me** llamo Paco. Y **tú**, ¿cómo **te** llamas?
  • **Me** llamo Rocío.

7
a • Buenos días. ¿Cómo se llama?
  • Me llamo Juan Hernández.
b • ¿Cómo te llamas?
  • Fernando. ¿Y tú?
c • Hola. ¿Cómo estás?
  • Bien gracias, ¿y tú?
d • ¿Es usted Cristina Marcos?
  • Sí, soy yo.
  a usted; b tú; c tú; d usted.

Page 12 Put it all together

1 *a* ¿Cómo está? *b* Mucho gusto; *c* Soy;
d Bien, gracias; *e* Buenas tardes; *f* Hasta
luego; *g* ¿Cómo se llama? *h* Me llamo;
i Hola; *j* Buenas noches.

2
a • Buenos días. – Buenos días.
b • Hola, buenas tardes. – Buenas tardes.
c • Hola. ¿Qué tal? – Bien, ¿y tú?
d • Adiós, buenas noches. – Buenas
  noches.

3 • Soy … – Yo soy … – Me llamo …
  + *names*

Page 13 Now you're talking!

1 • Buenos días.
  • **Hola, buenos días. Soy + *your
  name.***
  • Mucho gusto. Yo soy Patricia Fonseca.
  • **¿Perdón?**
  • Patricia Fonseca.
  • **Mucho gusto.**

2 • **Hola, Aurelio. ¿Qué tal?**
  • Bien. ¿Y tú?
  • **Bien, gracias.**

3 • **Mucho gusto. ¿Cómo está?**
  • Bien, bien. Gracias.
  • **Hola, ¿cómo te llamas?**
  • Jaime.
  • **Adiós, señora. Buenas tardes.**
  • Adiós.
  • **Hasta luego.**

4 • **Hola, buenas noches.**

Page 14 Quiz

1 Buenas tardes; *2* Hasta luego; *3* as a
greeting in the late evening and to say
goodnight; *4* to someone you know well
or a young person; *5* usted; *6* nombre
(first name), apellido (surname); *7* No soy
Cristina Sánchez; *8* (yo) soy, me llamo;
9 ¿Cómo estás? *10* mucho gusto.

Unit 2 ¿De dónde eres?

**Pages 16 & 17 Talking about where
you're from and your nationality**

2 • ¿Cómo te llamas?
  • Me llamo Martin.
  • ¿De dónde eres?
  • Soy **australiano**, de Sydney.

  • ¿Cómo te llamas?
  • Me llamo Jack.
  • ¿De dónde eres?
  • Soy **inglés**, de Brighton.

  • Y tú, ¿cómo te llamas?
  • Me llamo Peter.
  • ¿Eres inglés?
  • No, no soy inglés. Soy **alemán**, de
  Frankfurt.
  *Martin – australian; Jack – English;
  Peter – German*

3 • Buenos días.
  • Buenos días.
  • ¿De dónde es usted?
  • Soy español, de **Málaga**.

4 alemán – alemana; argentino
  – argentina; canadiense; escocés
  – escocesa; español – española;
  norteamericano – norteamericana;
  francés – francesa; inglés – inglesa;
  irlandés – irlandesa; italiano – italiana;
  galés – galesa; peruano – peruana.

5 Alemania – alemán; Irlanda – irlandés;
  España – español; Escocia – escocés;
  Los Estados Unidos – norteamericano.

6 • Brigitte es **francesa**. Es de París.
  • El señor Ager es **alemán**, de Berlín.
  • Steve es **escocés**, de Edimburgo.
  • Anne es de Chicago, es
  norteamericana.

Pages 18 & 19 **Saying what do you do for a living and which languages you speak**

2 ● ¿Qué haces?
  ● Soy **médico**.
  ● ¿Qué haces?
  ● Soy **arquitecto**.
  ● Y usted, ¿qué hace?
  ● Soy **dentista**.
  1st is a doctor; 2nd an architect; 3rd a dentist.

3 ● ¿Qué haces?
  ● **Soy periodista.**
  ● Eres contable, ¿verdad?
  ● Sí, **soy contable.**
  ● ¿Y tú? ¿Eres enfermera?
  ● No, **soy secretaria.**

5 ● ¿Qué hace?
  ● Soy **profesor de inglés**.
  ● Y habla inglés y español, ¿verdad?
  ● Pues, hablo **inglés** y un poco de **español**.
  He's a teacher of English; speaks English and a little Spanish; y = and.

Page 19 **Using numbers 1 to 20**

1 cero, uno, dos, tres, cuatro, cinco, seis, siete, ocho, nueve, diez, once, doce, trece, catorce, quince, dieciséis, diecisiete, dieciocho, diecinueve, veinte

2 ● Hola, Rosa. ¿Qué tal?
  ● Bien. Llamo por los números de la lotería.
  ● Son **el siete**, **el nueve**, **el doce**, **el trece**, **el diecinueve** y **el veinte**.
  7, 9, 12, 13, 19, 20.

3 cuatro, cinco, diez, catorce, quince, diecisiete.

Page 20 **Put it all together**

1 *a* Sí, soy de Nueva York; *b* No, soy galesa; *c* Soy de Burgos; *d* Soy médico; *e* No, hablo inglés y francés.

2 Nombre **Marta**; Apellido **Sancho**
  Nacionalidad: **española**
  Profesión: **contable**

3 ● **¿Eres** española?
  ● No, **no soy** española. Soy italiana.
  ● ¿De **dónde** eres?
  ● Soy **de** Roma.
  ● Y ¿**qué** haces?
  ● Soy **estudiante**.
  ● Hablas español, ¿verdad?
  ● Sí, **hablo** un poco de español.

4 *a* No, yo soy el Sr Rivero; *b* Sí, soy portugués; *c* No, soy de Lisboa; *d* No, soy médico.

Page 21 **Now you're talking!**

1 ● ¿Cómo te llamas?
  ● **Me llamo Mary.**
  ● ¿Eres inglesa?
  ● **No, soy irlandesa.**
  ● ¿De dónde eres?
  ● **De Dublín.**
  ● Y hablas español, ¿verdad?
  ● **Sí, hablo un poco de español.**

2 ● ¿Es usted inglés?
  ● **Sí, soy** or **No, soy** + *nationality*
  ● ¿De dónde es?
  ● **Soy de** + *where you're from*

3 ● **¿De dónde es?**
  ● Soy catalana, de Barcelona.
  ● **¿Qué hace?**
  ● Soy directora de marketing.
  ● **¿Habla catalán?**
  ● Sí, hablo catalán y español.

Page 22 **Quiz**

1 Colombia, Perú, Ecuador; *2* in the Basque Country (el País Vasco); *3* ¿De dónde eres? *4* Soy galés/a, de Cardiff; *5* Soy alemana; *6* ¿Qué haces? *7* No, no soy profesor. Soy médico; *8* trece.

Unit 3 Éste es Carlos

Page 24 Introducing someone

2 • Silvia, **ésta** es Beatriz.
• Hola ¿qué tal?
• Hola.
• Beatriz, **éste** es Pepe.
• Encantado.
• **Encantada**.

3 • Señor Molina, **ésta es la señora Prados.**
• Encantado.
• Encantada.

4 • Isabel, éste es Juan.
• Señora Tirado, éste es el señor Anula.
• Fernando ésta es Antonia.
• Señor Mora, ésta es la señora López.

Page 25 Giving your phone number

1 veintiuno, treinta y dos, cuarenta y cinco, cincuenta y ocho, sesenta y uno, setenta y cuatro, ochenta y tres, noventa y nueve.

2 veinticinco; cuarenta y seis; sesenta y siete; noventa y cuatro; setenta y siete.
Missing number: treinta y ocho – 38.

3 • ¿Dígame?
• ¿El teléfono de Iberia, por favor?
• Tome nota, **es el cuatro, dieciocho, veintidós, treinta y dos.**
• ¿Dígame?
• ¿El teléfono del Sr Pérez, por favor?
• Tome nota, **es el tres, veinticinco, diecisiete, ochenta y dos**.
Iberia: 4 18 22 32; Sr Perez: 3 25 17 82

4 • dos, treinta y cinco, cincuenta y uno, diez.
• cinco, diecinueve, diecisiete, setenta y siete.
• cero uno ocho dos, ocho tres cuatro, nueve dos cinco seis.

Pages 26 & 27 Talking about yourself and your family

2 • Luis, ¿estás casado?
• No, **estoy divorciado**.
• Elena, tú estás casada, ¿verdad?
• Sí, **estoy casada**.
• Juan, ¿estás casado?
• No, **estoy soltero**.
Elena is married, Luis divorced and Juan single.

3 • Señora Prados ¿está usted casada?
• Sí, **estoy casada**. Éste es mi marido, Pablo.
• Señor Molina ¿está usted casado?
• Sí, estoy casado. **Ésta es mi mujer, Mercedes.**

4 Éste es mi marido. Ésta es mi hermana.

6 • Señor Molina, **¿tiene hijos?**
• Sí, **tengo un hijo** que se llama David y **una hija**, Susana.
• **¿Cuántos años tiene** David?
• David **tiene veintinueve** y Susana veinticuatro.

7 • ¿Tienes hijos?
• Sí, tengo una hija.
• ¿Cómo se llama?
• **Se llama** Carmen.
• ¿Cuántos años tiene?
• **Tiene quince**.

Page 28 Put it all together

1 *a* Estoy casado; *b* Mi mujer se llama Mercedes; *c* Mi hijo se llama Andrés; *d* Tiene doce años

2 *a* Ésta es mi madre; *b* Éste es mi padre; *c* Éste es mi hermano Andrés. *Manuel could say* Encantado.

3 *a* Me llamo Giulia. Tengo veinticuatro años. Soy italiana, de Milano.
b Me llamo Philippe. Tengo veintisiete años. Soy francés, de Toulouse.

c Me llamo Alice. Tengo diecinueve años. Soy galesa, de Cardiff.
d Me llamo Peter. Tengo veintitrés años. Soy irlandés, de Belfast.

Page 29 **Now you're talking!**

I • Buenos días. ¿Cómo se llama?
• **Me llamo Concha.**
• ¿Está casada?
• **Sí. Éste es Ian, mi marido.**
• ¿Tiene hijos?
• **Sí, tengo una hija y un hijo.**
• ¿Cómo se llama su hijo?
• **Se llama Arturo.**
• ¿Cuántos años tiene Arturo?
• **Veintidós.**
• Y su hija ¿cómo se llama?
• **Se llama Daniela.**
• Y ¿cuántos años tiene?
• **Veinticinco.**

2 • Hola, me llamo Carmen. ¿Y tú?
• **Me llamo + *your name*. ¿Estás casada?**
• Sí, estoy casada.
• **¿Tienes hijos?**
• Sí, tengo un hijo.
• **¿Cómo se llama tu hijo?**
• Miguel.
• **¿Cuántos años tiene?**
• Trece años.

Page 30 **Quiz**

1 Éste es el Sr Pacheco; Ésta es la Sra Conde; 2 Encantada; encantado; 3 veinticinco (*one word*); cuarenta y cinco (*three words*); 4 Estoy soltero; 5 mi hija; 6 ¿Cuántos años tienes? 7 Tengo (42) años.

Unit 4 **Un café, por favor**

Pages 32 & 33 **Ordering a drink in a bar**

2 • ¿Qué va a tomar?
• **Un vino blanco**, por favor.
• Ahora mismo.

3 • Oiga, por favor.
• Sí, ¿qué van a tomar?
• **Una cerveza.**
• Y para mí, **un vino tinto**.
Lola – beer; Fernando – red wine

4 • Buenas tardes. ¿Qué van a tomar?
• Para mí, **un café cortado**. ¿Y tú, Luis?
• Yo, **un vino blanco**.
• Y **un agua mineral sin gas** para mí.

5 • Para mí, **un café solo**. Eva ¿tú qué quieres?
• Yo quiero **un batido de chocolate**.
• Y tú, Oscar?
• Yo también, **un batido de chocolate**.
• **Un agua mineral con gas** para mí y **un cortado**.
Rosa – a black coffee; Eva and Oscar – a chocolate milk-shake; Antonio – a sparkling mineral water and a black coffee with a dash of milk. También = too.

6 • Un café con leche, un zumo de naranja y una cerveza. Y para mí, . . .

Page 34 & 35 **Offering, accepting or refusing a drink or snack**

2 • Hola, ¿qué tal?
• Muy bien.
• **¿Qué quieres tomar?**
• Una cerveza.
• Oiga, **dos cervezas**, por favor.

3 • ¿Quiere tomar algo? ¿Un té, un café?
• **Sí, gracias**. Un té con limón.
• ¿Con azúcar?
• **No, sin azúcar.**
• ¿Y usted?
• Para mí, agua, por favor.

4 • ¿Qué quiere tomar, un té, un café?
• **Un café solo**, por favor.

• ¿Quieres un vino?
• Sí, gracias. **Tinto**, por favor.

The first – usted – black coffee; the second – tú – red wine.

6 • ¿Quieres comer algo?
  • Sí, gracias. **Calamares y aceitunas.**
  • Y para mí **un bocadillo de jamón.**

Page 35 **Paying the bill**

2 • Oiga, por favor. ¿Cuánto es?
  • Son dos cafés, **un euro ochenta**, y un zumo de naranja que son **noventa céntimos**. Total son **dos euros setenta.**
  2 coffees 1,80 €, orange juice 0,90 €. Total 2,70 €.

  • Oiga, por favor. ¿Cuánto es?
  • A ver, son dos cervezas, **tres treinta**, y un bocadillo de jamón, **dos veinte.** En total son **cinco cincuenta.**
  2 beers 3,30 €; 1 ham sandwich 2,20 €. Total 5,50 €.

Page 36 **Put it all together**

1 • un café, un agua mineral; un zumo, un vino; un cubalibre; un refresco; un té.
  • una cerveza; una tónica, una sangría.

2 • **¿Qué** van a tomar?
  • **Una** cerveza.
  • Y **para mí**, un café. Andrés, ¿qué **quieres** tomar?
  • Un batido **de** chocolate.
  • Oiga, por favor. ¿Cuánto **es?**
  • Son 340 euros.

3 *a* un euro setenta y cinco, *or* uno setenta y cinco
  b cuatro noventa y nueve
  c dos cincuenta y cuatro
  d tres dieciocho
  e quince cincuenta
  f veinticinco veinte

Page 37 **Now you're talking!**

1 • **Fernando, ¿qué quieres tomar?**
  • Un vino tinto.
  • **¿Y tú, Patricia?**
  • Un refresco de limón.
  • **Oiga, por favor.**
  • Buenos días, señores. ¿Qué van a tomar?
  • **Dos vinos tintos y un refresco de limón.**
  • Muy bien, ahora mismo.
  • **¿Cuánto es?**
  • Son cuatro diez.

2 • **¿Qué quiere tomar?**
  • Un zumo de naranja.
  • **¿Y usted, señor Martínez?**
  • Un zumo también.

3 • ¿Quieres un café?
  • **Sí, gracias.**
  • ¿Solo o con leche?
  • **Solo pero con azúcar.**

Page 38 **Quiz**

1 Oiga, dos cervezas, por favor; *2* Un zumo de naranja, por favor; *3* ¿Quieres tomar algo? *4* Sí, gracias; *5* azúcar; *6* un cortado; *7* Para mí, una cerveza; *8* dos tés, dos vinos, dos cervezas, dos cafés, dos bocadillos; *9* 76

Repaso 1 (Pages 39–42)

1 • Hola, Rodolfo, ¿qué tal?
  • Muy bien, ¿y tú?
  • Bien, gracias. ¿De dónde eres?
  • Soy **italiano**, de **Orvieto.**
  • ¿Qué haces?
  • **Soy ingeniero.**
  • Y, ¿estás casado?
  • Sí, **estoy casado.**
  • Y, tú mujer ¿es italiana, también?
  • No, **mi mujer es escocesa.**
  • Y, ¿qué hace tu mujer?
  • **Es profesora de inglés.**
  • ¿Tienes hijos?

- Sí, **tengo un hijo** que se llama Vittorio.
- ¿Cuántos años tiene?
- **Tiene seis años.**
a italiano; b Orvieto; c ingeniero; d casado; e escocesa; f profesora; g un hijo; h seis años

2
- Isabel, ¿de dónde eres?
- **Soy española**, de Córdoba.
- Y, ¿cuántos años tienes?
- **Tengo veinte años.**
- ¿Tienes hermanos?
- Sí, **tengo dos hermanas y dos hermanos.** Y tú, Paul, eres inglés ¿verdad?
- No, **soy irlandés**, de Dublín.
- ¿Cuántos años tienes?
- **Tengo veintinueve años.**
- Y, ¿tienes hermanos?
- Sí, **tengo un hermano** que se llama Patrick.
Isabel – española, 20, dos hermanos y dos hermanas; Paul – irlandés 29, un hermano.

3
- ¿Qué van a tomar?
- Para mí, **una cerveza.**
- Y para mí, **un café.**
- Paul, toma mi teléfono, es **el cuatro, quince, noventa y dos, cincuenta y tres.**
- Y mi teléfono es **el cero uno siete uno, siete ocho cero, uno seis seis dos.**
Isabel – cerveza, 4 15 92 53; Paul – café, 0171 780 1662.

4
- ¿Cuánto es?
- La cerveza es un euro sesenta y el café son noventa céntimos.
- Gracias.
cerveza – 1,70 €; café 0,90 €.

5
- un euro veintisiete or uno veintisiete.
- tres doce.
- siete noventa y uno.
- ocho cuarenta y cinco.

7 Dinamarca (Denmark) veintitrés 23; Grecia (Greece) ciento doce 112; Noruega (Norway) dieciocho18; Suecia (Sweden) noventa y siete **97**; Suiza (Switzerland) cincuenta y seis **56**; Bélgica (Belgium) setenta y uno **71**; Holanda (Holland) ciento veintidós **122**.

8 *a Sí, gracias; b Oiga, por favor; c Mucho gusto; d Bien, gracias; e Hola, buenos días; f Hasta luego.*

9 *a ¿Cómo te llamas? b ¿Cuántos años tienes? c ¿Qué haces? d ¿Estás casada?*

10 *mujer, irlandesa; gracias; Ésta; buenos; soltero; café, adiós; favor. The hidden word is ENCANTADA – pleased to meet you (said by a woman)*

11 *a verdadero; b verdadero; c verdadero; d falso.*

12 **Soy** fotógrafo. **Soy** catalán, de Barcelona. **Tengo** 44 años. **Estoy** casado con Paula que es italiana, de Roma. Es pintora. **Tengo** dos hijos: Ariana, **mi** hija, tiene quince años, y **mi** hijo Ezio, tiene dieciocho años. **Mi** hermana Vitoria es diseñadora. **Mi** hermano Ricardo es arquitecto.

Unit 5 Perdone, ¿dónde está el museo?

Pages 44 & 45 **Asking where something is and asking for help to understand**

2
- ¿Dónde está el museo?
- El museo está aquí, en el centro.
- Ah, sí. ¿Y la oficina de turismo?
- En la calle Rueda. La catedral está cerca. Y el ayuntamiento está en la Plaza Mayor.
- ¿La estación está lejos?
- Sí, mira está allí.
a El museo; b la estación; c el ayuntamiento; d la catedral; e la oficina de turismo.

3 cien; ciento uno; ciento cincuenta;
doscientos; trescientos; cuatrocientos;
quinientos; seiscientos; setecientos;
ochocientos; novecientos; mil.

4 cien metros; ciento cincuenta metros;
doscientos cincuenta metros;
quinientos metros

6 ● Perdone, ¿dónde están las tiendas?
● Pues, están por allí. A quinientos
metros, − a quince minutos a pie.
● No entiendo. ¿Puede repetir, por
favor?
● A quinientos metros, a quince
minutos a pie.
● Gracias.
● De nada.
She asks him to repeat. 500 metres.

7 ● ¿Dónde está el museo?
● ¿Dónde está la oficina de turismo?
● ¿Dónde está la catedral?
● ¿Dónde están los bares?

Pages 46 & 47 Saying where you live and work

2/3
● ¿Dónde vives, **Luisa**? ¿En el centro de
la ciudad?
● No. Vivo e**n las afueras, en un
chalet**.
● Y tú, **Jaime**, ¿dónde vives?
● Yo vivo en **el centro, en un piso**
con mi hermana.
● Y **Olga**, ¿dónde vives tú?
● **En un pueblo** a diez kilómetros de
la ciudad. Vivo **en una casa** con mis
padres y mi hermano.
Luisa − suburbs, un chalet; Jaime − centre,
un piso; Olga − a town, una casa

4 ● ¿Cuál es tu dirección?
● Vivo en la avenida Esparteros, **21**.
● Vivo en la Plaza de Roma, **2**.
● Vivo en la calle Mayor, **19**.
Luisa − 21; Jaime − 2; Olga − 19

6 ● **Luisa**, ¿dónde trabajas?
● Trabajo **en una tienda**. Soy
dependiente.
● ¿Y tú, **Jaime**? ¿Dónde trabajas?
● Yo trabajo **en una empresa de
contabilidad**.
● **Olga**, ¿tú trabajas?
● Sí, trabajo **en una escuela**. Soy
profesora de geografía.
Luisa − a shop; Jaime − an accountancy
firm; Olga − a school

7 ● ¿Dónde **trabajas**?
● En una empresa de
telecomunicaciones.
● Vives en la Plaza del Olivar, ¿verdad?
● No, ahora **vivo** en la calle Goya.
ahora = now

Page 48 Put it all together

1 *a* el bar, el teatro, la catedral.
b los pueblos, las ciudades, las afueras.
c la cerveza, el té, el café.
d el padre, la madre, los hijos.
e la calle, la plaza, la avenida.

2 *a* Vivo en la calle Colón, 75; *b* Está aquí
en el centro; *c* No, está muy cerca;
d Trabajo en un hospital; *e* No soy
enfermera; *f* No, está en las afueras.

3
a ● ¿Dónde **vives** tú?
● **Vivo** en la Plaza Mayor 67.
b ● Ian, usted **vive** en Escocia, ¿verdad?
● Sí, **vivo** con mi hermano en
Edimburgo.
c ● Mari Cruz **vive** en un piso en el
centro.
d ● Sr Pérez, ¿dónde **trabaja** usted?
● **Trabajo** en una empresa de
contabilidad.
e ● Laura, **¿trabajas** en una oficina?
● No, **trabajo** en una escuela. Soy
profesora.
f ● Jaime **trabaja** en un bar.

Page 49 **Now you're talking!**

1 ● **Perdone, ¿dónde está la calle Carneros?**
  ● Está en el centro del pueblo.
  ● **Gracias. ¿Está lejos?**
  ● No, no está muy lejos – a quinientos metros.
  ● **¿Puede repetir?**
  ● A quinientos metros.
  ● **Gracias. Adiós.**

2 ● Tú no eres de Hermosilla, ¿verdad?
  ● **No, no soy de Hermosilla.**
  ● ¡Ah! Y ¿dónde vives?
  ● **Vivo en + *name of your home town.***
  ● Y ¿qué haces?
  ● **Soy + *your occupation.* Trabajo en + *your workplace.***

3 ● **¿Dónde vives?**
  ● Muy cerca; allí, en la Plaza Mayor.
  ● **¿Trabajas en Hermosilla?**
  ● No, trabajo en la capital, a 60 kilómetros.

Page 50 **Quiz**

1 estar; *2* ¿Dónde está la calle Arenal? *3* la estación; el restaurante; las calles; los bares; *4* e.g. el museo, el ayuntamiento, la catedral, la tienda, el teatro, el supermercado; *5* no; *6* ¿puede repetir? *7* ¿Where does he/she live?

Unit 6 **¿Hay un banco por aquí?**

Page 52 **Asking what there is in town**

3 ● ¿Hay **un banco** por aquí?
  ● Sí, **hay dos**.
  ● ¿Hay restaurantes?
  ● Sí, **hay varios restaurantes** y muchos bares.
  ● ¿Hay piscina?
  ● No, **no hay piscina**.
  two banks, several restaurants, no swimming pool.

4 ● ¿Hay una farmacia por aquí?
  ● ¿Hay cine?

Page 53 **Finding out when it's open**

2 ● Milagros, ¿está el banco abierto?
  ● No, está cerrado. Abre a las nueve y media.
  ● ¿A qué hora cierra?
  ● A la una y media.
  a falso; b falso; c verdadero.

3 ● ¿A qué hora abre la farmacia?
  ● Abre a las diez y cierra a la una y media. Por la tarde abre de cinco a ocho.
  ● ¿Y el supermercado?
  ● Está abierto de nueve de la mañana a ocho de la tarde.
  chemist's – opens 10, shuts 1.30, opens 5 till 8 p.m.; supermarket – opens 9 a.m., shuts 8 p.m.

Pages 54 & 55 **Understanding where a place is and how to get there**

2 ● Mira, hay **un restaurante** aquí, **a la izquierda. El hotel Victoria** está **a la derecha. La farmacia** está **enfrente del bar. El banco** está **al lado de la farmacia**. Hay **un parque al final de la calle**.

3 ● ¿Hay un restaurante por aquí?
  ● Hay uno **al final de la calle, al lado del supermercado**.
  (at the end of the street, next to the supermarket)

5 ● Tome la segunda a la izquierda y siga todo recto. Está a la derecha.
  b is correct.

6 ● Perdone, ¿hay una farmacia por aquí?
  ● Hay una en la Plaza Ronda. **Tome la primera a la izquierda** y después **siga todo recto hasta la plaza**. Allí está.
  Take the first left; go straight on to the square.

7 • ¿El Restaurante Picón? Sí, está muy cerca.
- **Siga todo recto, tome la segunda a la izquierda, después la primera a la derecha.** Allí está el restaurante.
Straight on, second left, first right.

Page 56 Put it all together

l *a* Abre a las nueve; *b* Está cerrado; *c* A las ocho.

2 • Perdone ¿**Hay** un restaurante **por aquí?**
- Sí, hay varios. Hay uno aquí en la plaza, **al lado del** museo.
- ¿Y hay una farmacia?
- Sí, hay una en la calle Cisneros, **enfrente del** supermercado.
- Tome la primera a la **derecha.** La farmacia está allí **a la izquierda.**

Page 57 Now you're talking!

l • **Perdone, ¿hay una oficina de turismo por aquí?**
- Sí, a 200 metros, a la derecha.
- **A doscientos metros, a la derecha. ¿Dónde está el banco?**
- A 100 metros, pero ahora está cerrado.
- **¿A qué hora abre?**
- A las 9.30 de la mañana.
- **¿A qué hora cierra?**
- A la 1.30.
- **Gracias. Adiós.**

2 • **¿Hay un mercado por aquí?**
- Sí, en la Plaza del Mercado. Tome la segunda a la derecha y siga todo recto.
- **La segunda a la derecha y todo recto. Gracias, adiós.**

3 • **El museo está cerrado.**
- ¿Sí? ¿A qué hora cierra?
- **A las cuatro.**
- ¿A qué hora abre?
- **Abre a las diez de la mañana.**

l near here; *2* no hay un mercado; *3* enfrente del banco; al lado **de la** farmacia; *4* right; *5* Está en la plaza; *6* open; *7* probably closed; *8* Cierra **a las** siete.

Unit 7 ¿Cuánto cuesta?

Pages 60 & 61 Asking for something in a shop and understanding the price

2 postales (postcards); crema para el sol (sun tan lotion); periódico inglés (English newspaper); tiritas (sticking-plasters); mapa de carreteras (road-map); sellos (stamps).
postcards, stamps – estanco; newspaper, road map – quiosco;
suntan lotion, plasters – farmacia.

3 • Hola, buenos días. ¿Qué desea?
- Hola, **quería** un bonobús.
- Aquí tiene.
- Y ¿**tiene** periódicos ingleses?
- Sí, *The Guardian* y *The Times.*

5 • **¿Cuánto cuestan estas postales?**
- A ver, tres postales, son uno ochenta.
- ¿Y **cuánto cuesta un sello** para Gran Bretaña?
- Cuarenta y un céntimos.
- Quería tres sellos.
- Tres sellos son uno veintitrés.

6 • Hola. ¿Tiene guías de carretera?
- Sí, tengo ésta.
- Pero ésta es muy cara. ¿Tiene otras?
- Lo siento, no tengo otra.

7 • Hola, buenas tardes. Quería unas aspirinas.
- Aquí tiene.
- ¡Ah! Y unas tiritas y un paquete de vitamina C.
- Son siete treinta.
- Aquí tiene.
- Su cambio, dos setenta.
aspirins, plasters, vitamin C; total 7,30 €;
change 2,70 €.

8 ● ¿Cuánto cuestan estas gafas de sol?
   ● Estas cuestan doce euros.
   ● ¿Y este bolso?
   ● Treinta euros.
   ● ¿Cuánto cuesta esta revista?
   ● ¿Ésta? Un euro.
   sunglasses: 12 €; handbag: 30 €;
   magazine: 1 €.

9 ● ¿Cuánto cuesta esta revista?
   ● ¿Cuánto cuestan estas gafas de sol?

10 ● ¿Tiene sellos? ¿Tiene revistas inglesas?
     ¿Tiene crema para el sol?
   ● ¿Cuánto cuesta este mapa de
     carreteras? ¿Cuánto cuestan estas
     tiritas? ¿Cuánto cuesta un sello para
     los Estados Unidos?

Pages 62 & 63 Buying food and shopping in the market

1 ● Berta, ¿qué quieres comprar?
   ● Pues, **cien gramos de jamón;
     medio kilo de queso; un paquete
     de mantequilla; un kilo de
     azúcar; una barra de pan; una
     botella de vino tinto; un litro
     de agua mineral; medio litro
     de aceite de oliva; una lata de
     sardinas.**
   a stick of bread.

3 ● Me da **medio kilo** de este queso y
     doscientos gramos de jamón.
     Y **póngame una lata** de atún.
   half kilo of cheese; 200 g. ham.

4 ● Póngame medio kilo de melocotones,
     medio kilo de plátanos y un kilo de
     cebollas.
   *half a kilo of peaches; half a kilo of
   bananas; kilo of onions.*

5 ● Póngame **medio kilo de tomates**.
     ¡Ah! Y me da **un melón**.
   ● **¿Algo más?**
   ● **No, nada más.**

6 ● un kilo de queso, un kilo de manzanas,
     una botella de vino tinto, una lata de
     tomates;
   ● doscientos gramos de jamón, un litro
     de aceite de oliva, una barra de pan,
     un paquete de café.

Page 64 Put it all together

1 *a* una **botella** de vino; *b* medio **kilo** de
   azúcar; *c* un **paquete** de mantequilla;
   d una **lata** de tomates; *e* una **barra** de
   pan; *f* una **botella** de agua.

2 ● Hola, ¿que desea?
   ● **Quería** un kilo de manzanas.
     ¿Cuánto cuestan?
   ● 3,20 euros el kilo.
   ● Bien. **Me da** también medio kilo de
     fresas.
   ● ¿Algo más?
   ● No, **nada más.**

3 leche, champiñones; queso; patatas;
   azúcar; fresas; vino blanco; plátanos;
   atún; melón; pan

4 *a* 198 €; *b* 466 €; *c* 739 €; *d* 999 €.

Page 65 Now you're talking!

1 ● Buenos días, ¿qué desea?
   ● **Póngame un kilo de patatas y
     medio kilo de champiñones.**
   ● ¿Algo más?
   ● **¿Tiene fresas?**
   ● No, lo siento.
   ● **Me da medio kilo de plátanos y
     un melón.**
   ● ¿Algo más?
   ● **Nada más, gracias.**

2 • ¿Qué desea?
 • **Una barra de pan y un litro de leche.**
 • ¿Algo más?
 • **¿Cuánto cuesta este jamón?**
 • Doce euros el kilo.
 • **Póngame doscientos gramos de jamón y medio kilo de queso.**

3 • Hola, ¿qué desea?
 • **¿Tiene sellos?**
 • Sí, sí tenemos.
 • **¿Cuánto cuesta un sello para Australia?**
 • Setenta y cinco céntimos.
 • **Me da dos sellos para Australia y uno para Francia.**

Page 66 Quiz

1 en el estanco; *2* quería un bonobús; *3* ¿Tienen revistas? *4* ¿Cuánto cuestan? (revistas inglesas, melones), ¿Cuánto cuesta? (el aceite de oliva); *5* Un sello para Argentina, por favor; *6* queso, jamón y pan; *7* una lata de atún; una botella de agua mineral, un paquete de café; *8* cebollas y champiñones; *9* 888 euros.

Repaso 2 (Pages 67–70)

1 • Buenos días, señoras y señores. Bienvenidos a Villagracia. Les recomiendo visitar la catedral, que está en la Plaza Mayor, a cinco minutos a pie. La entrada es gratis, de las diez de la mañana a las seis de la tarde. El castillo está en las afueras, a veinte minutos a pie. Está abierto de las diez de la mañana a las cuatro de la tarde. La entrada cuesta tres euros cuarenta. Las ruinas prehistóricas también están en las afueras, a diez minutos. La entrada es gratis. Están abiertas todo el día.
The cathedral – in the plaza Mayor, 5 minute walk; the castle – in the outskirts, 20 minute walk; the ruins – also in the outskirts, 10 minute walk.

2 *a* Yes, entrance is free, but it's open until 6 p.m. *b* No, Entrance costs 3,40 euros and it's open from 10 a.m. until 4 p.m. *c* No, entrance is free.

3 • ¿Hay una farmacia por aquí?
 • Sí, hay una en la Avenida de Oporto, enfrente del bar.
 • ¿Dónde está el banco?
 • Allí, al lado del bingo.
 • ¿Hay un supermercado cerca?
 • Sí, muy cerca. En la Avenida de Oporto, al lado del bingo.
 • Muy bien, muchas gracias.
chemist's: 6; bank 2; supermarket 5

4 • **Dos barras** de pan, **un litro** de leche, **un paquete** de mantequilla, **tres latas** de atún, **medio kilo** de queso, **150 gramos** de jamón.

5 • Dos barras de pan – **uno treinta y cuatro**; un litro de leche – **uno diecinueve**; un paquete de mantequilla – **uno treinta y cinco**; tres latas de atún – **tres treinta**; medio kilo de queso – **cuatro noventa**; ciento cincuenta gramos de jamón – **dos dieciséis**.
bread 1,34 €; milk 1,19 €; butter 1,35 €; tuna 3,30 €; cheese 4,90 €; ham 2,16 €.

6
1 Quiero un piso cerca del hospital donde trabajo.
2 Quiero vivir en las afueras, no muy lejos de mi colegio.
3 Quiero vivir a diez minutos a pie del bar donde trabajo.
4 Quiero una casa en el centro, cerca de mi empresa.
1 enfermero; 2 profesora; 3 camarero; 4 contable.

7 • ¿Cómo te llamas?
 • **Carlos.**
 • ¿Y tu apellido?
 • **Goroiza.**
 • ¿De dónde eres?

- Soy **vasco**.
- ¿Cuántos años tienes?
- **Veintisiete años.**
- ¿Cuál es tu dirección?
- **Avenida Jerte, treinta y nueve.**
- Gracias. ¿Trabajas?
- Soy **pintor**.
- ¿Tienes teléfono?
- Sí, es **el dos, cuarenta y cinco, setenta y ocho, dieciséis**.

Nombre Carlos; Apellido Goroiza, Nacionalidad vasco; Edad 27; Dirección Avenida Jerta, 39; Profesión pintor; Teléfono 2 45 78 16.

8

a ● Por favor, ¿la oficina del señor López?
  ● **La primera a la izquierda.**
b ● ¿La oficina de la señora Martínez, por favor?
  ● **La segunda a la derecha.**
c ● ¿La oficina del señor Rico, por favor?
  ● **La segunda a la izquierda.**
a First on the left; b Second on the right; c Second on the left.

9 *a* ¿Cómo se llama? *b* ¿Cuántos años tiene? *c* ¿Dónde vive? *d* ¿Cuál es su dirección? *e* ¿Qué hace? *f* ¿Dónde trabaja?

10 *a* ¿Hay un estanco por aquí? *b* ¿Tiene sellos? *c* ¿Cuánto cuesta? *d* ¿Cuánto cuestan? *e* ¿Puede repetir? *f* Lo siento, no sé.

11 *a* este; *b* estos; *c* estas; *d* esta.

12 Quiosco: periódicos, revistas, postales.
Estanco: sellos, cigarros.
Farmacia: tiritas, aspirinas, crema para el sol
Supermercado: queso, azúcar, jamón

13 The cathedral is *opposite* the town hall; the Palacio Cortera is in the *Calle Dueñas*; the Mirillos Restaurant is *next to* the Palacio Cortera.

Unit 8 **Quisiera una habitación**

Page 72 **Checking in at the hotel**

2/3
Señora Sierra
  ● Buenas tardes. Tengo una habitación reservada a nombre de la Sra Sierra.
  ● Un momento, por favor. Sí, una habitación doble, con baño. Tiene la número ciento diez en la primera planta. Aquí tiene la llave.
Señor Gari
  ● Buenos días.
  ● Buenos días. Tengo una habitación reservada a nombre de Alfredo Gari.
  ● Una habitación doble con cama de matrimonio y baño. La habitación número cinco en la planta baja. Me da su pasaporte, ¿por favor?
  ● Aquí tiene.
Señora Balduque
  ● Buenas tardes.
  ● Buenas tardes. Tengo una habitación reservada a nombre de Lola Balduque.
  ● Una habitación individual con baño ¿verdad?
  ● Sí, para esta noche.
  ● Su habitación es la número doscientos cinco en la segunda planta.
  ● El ascensor ¿por favor?
  ● El ascensor está aquí mismo a la izquierda.
Sra Sierra – double with bath; number 110 first floor; Sr Gari – double bedded room with bath, number 5 ground floor; Sra Balduque – single with bath, number 205 second floor. The lift is here on the left.

Page 73 **Finding a hotel room**

2 ● Buenas tardes. ¿Tienen habitaciones libres?
  ● Sí, señor. ¿Individual o doble?
  ● Quisiera una habitación doble para dos noches – **martes** y **miércoles**.

- Un momento. Sí, tenemos una habitación.
Tuesday and Wednesday

3 María **LÓPEZ**.

4 • Buenas tardes. ¿Tienen habitaciones libres?
- Sí, señor. ¿Individual o doble?
- Quisiera una habitación doble para dos noches – martes y miércoles.
- Un momento. Sí, tenemos una habitación. Su nombre, ¿por favor?
- Juan Maeztu.
- ¿Cómo se escribe?
- **MAEZTU.**

5 • Quisiera una habitación individual con baño para esta noche.
- Quisiera una habitación doble con dos camas para tres noches.
- Quisiera una habitación doble con cama de matrimonio para cinco noches.
- Quisiera una habitación doble con dos camas para dos noches, viernes y sábado.

Page 74 **Booking ahead by phone**

2

a • Hotel Sol, ¿dígame?
- Buenos días. Quisiera reservar una habitación.
- ¿Para cuándo?
- Para dos noches, **el dieciséis** y **el diecisiete** de **julio**.
- Muy bien, señora.

b • Hotel Sol, buenos días.
- Buenos días.
- Quisiera reservar una habitación doble con baño.
- ¿Para cuántas noches?
- Para cinco noches. Desde **el veinticinco** de **febrero**.
- Vale, de acuerdo.

c • Hotel Sol, ¿dígame?
- Buenas tardes. Quisiera reservar una habitación.

- ¿Para cuándo?
- Para una semana en **agosto**, desde **el uno** hasta **el siete** de agosto.
- Lo siento, la primera semana de agosto el hotel está completo.

Page 75 **Making requests**

2 *a Sr López*
- Buenas tardes.
- Buenas tardes, Sr López.
- La cuenta, por favor.
- Un momento. Aquí tiene.
- **¿Puedo pagar con tarjeta de crédito?**
- Sí, por supuesto.

b Sra Ribera
- Buenos días.
- Buenos días. Tengo una habitación reservada a nombre de María Ribera.
- Sí, aquí está la reserva. Tiene la habitación ciento cuatro.
- **¿Puedo llamar por teléfono desde aquí?**
- Sí, claro.

c Sr Romero
- Buenas tardes, señor Romero.
- Buenas tardes.
- **¿Puedo dejar mi maleta aquí?**
- Sí, por supuesto.

d Sra Gordillo
- Soy la señora Gordillo. **¿Puedo hablar con el director?**
- Sí, ahora mismo viene.

e Los señores Molina
- Buenos días, señores.
- Buenos días. ¿Tienen una habitación libre?
- ¿Una habitación doble?
- Sí, doble con baño.
- Tenemos una libre en la planta primera.
- **¿Podemos ver la habitación?**
- Sí, claro.

a pay by credit card; b make a phone – call; c leave a case in reception; d talk to the manager; e see the room.

3
- Buenos días.
- Buenos días. ¿Podemos aparcar el coche aquí cerca?
- Sí, el aparcamiento del hotel está **a la izquierda de la entrada**.
- Muchas gracias.
- De nada.

Park at the left of the entrance to the hotel.

4
- ¿Puedo ver la habitación?
- ¿Puedo pagar con tarjeta de crédito?

Page 76 **Put it all together**

1 *a* Tengo una habitación reservada; *b* ¿Tienen habitaciones libres? *c* Quisiera una habitación; *d* ¿A nombre de . . . ? *e* ¿Para cuántas noches? *g* ¿Puedo. . .?

2
- Buenos días, **¿tienen** habitaciones libres?
- ¿Para cuántas noches?
- **Para** dos noches.
- **¿Individual** o doble?
- Individual y con baño, por favor.
- Sí, tenemos una habitación.
- **¿Cuánto** cuesta?
- **Son** 30 euros por noche.
- Vale, de acuerdo.

3 *a* falso; *b* falso; *c* verdadero; *d* falso.

Page 77 **Now you're talking!**

1
- Buenas tardes.
- **Hola, buenos días. Tengo reservada una habitación.**
- ¿Su nombre, por favor?
- **Alice Benson.**
- Una habitación doble con baño, ¿verdad? Para tres noches.
- **No, para cuatro noches.**
- Un momento, ¿cómo se escribe su nombre?
- **BENSON.**
- Ah, sí. Perdone, señora. Una habitación doble para cuatro noches.

2
- Hotel Miramar, ¿dígame?

- **Hola, quería reservar una habitación doble con baño para julio.**
- ¿Para cuándo en julio?
- **Desde el quince al veintiuno.**
- Lo siento, pero el día 15 está completo. El día 16 tenemos una habitación libre.
- **De acuerdo.**
- Muy bien, una habitación doble desde el 16 al 22 de julio. ¿Su nombre, por favor?

Page 78 **Quiz**

1 quisiera una habitación doble con baño; *2* para esta noche; *3* julio; *4* desde el lunes hasta el miércoles; *5* ground floor; *6* hasta el 5 de agosto; *7* if breakfast is included; *8* puedo (can I), podemos (can we); *9* either lunch or supper.

Unit 9 ¿A qué hora sale el tren?

Pages 80 & 81 **Asking about public transport and finding out travel times**

2
- ¿Cómo **se puede ir** al centro?
- Se puede ir **en tren** o **en autobús**.
- ¿Cuál es mejor?
- El **tren** es más rápido.

3
- Hola, buenos días.
- Hola. ¿Cómo se puede ir a Toledo?
- Se puede ir **en tren** o **en autobús**.
- ¿Cuál es mejor?
- Bueno, **el autobús es más rápido y también es más barato.**

a verdadero. b falso. c verdadero.

4
- ¿Cómo se puede ir a Salamanca?
- ¿Cómo se puede ir a la estación?

6 *Almería*
- Por favor, ¿a qué hora **sale** el tren para Almería?
- **A las doce treinta y cinco.**

- ¿Y a qué hora llega?
- **A las veintiuna veinticinco.**
Córdoba
- Por favor, ¿a qué hora sale el tren para Córdoba?
- **Sale a las diez de la noche y llega a las seis de la mañana.**
Soria
- Por favor, ¿a qué hora sale el tren para Soria?
- Para Soria ... **sale todos los días a las trece quince y llega a las dieciséis horas.**
Almería – leaves 12.35, arrives 21.25; Córdoba – leaves 10 p.m., arrives 6 a.m.; Soria – leaves 13.15, arrives 16.00

7 - **¿A qué hora sale el próximo autobús para la playa?**
- **A las catorce cuarenta y cinco.** Es el número siete.

8 - ¿A qué hora sale el tren para Barcelona?
- ¿A qué hora llega a Barcelona?
- ¿A qué hora llega de Madrid?

Pages 82 & 83 Buying tickets and checking travel details

2 - Quería un billete para Málaga, **de segunda clase**, para **mañana**.
- ¿De ida o de ida y vuelta?
- **De ida y vuelta.**
- ¿Fumador o no fumador?
- **No fumador.** ¿Cuánto es el billete?
- Son 25 euros.

3 *La Coruña*
- Buenos días. Quería un billete para La Coruña, **de ida**, **para mañana**. **De segunda**, por favor.
Ponferrada
- Quería un billete **para hoy**, para Ponferrada.
- ¿De ida y vuelta?
- No, **de ida**.
- ¿De primera?
- Sí, **de primera**.

Pamplona
- Quería un billete **de ida y vuelta** para Pamplona, **para el día catorce**. **La vuelta para el día veintidós. De segunda** clase, por favor.
La Coruña – single, 2nd, tomorrow; Ponferrada – single, 1st, today; Pamplona – return, 2nd, 14th/22nd

4 - Quería un billete de ida para Málaga para hoy.
- Quería un billete de ida y vuelta para mañana, de segunda.

6 *viajero 1:*
- Hola, buenos días. Quiero ir a Bilbao en el tren de las ocho. ¿Tengo que reservar plaza?
- Sí, sí, tiene que reservar.
viajero 2:
- Perdone, ¿dónde tengo que bajar?
- En la próxima estación.
viajero 3:
- Quería un billete para Almazán, para hoy.
- ¿De primera?
- Sí, y no fumador. El tren, ¿es directo?
- No, tiene que hacer transbordo en Medina.
viajero 1 – book a seat; viajero 2 – get off at the next station; viajero 3 – change at Medina.

7 - Atención señores viajeros. El tren procedente de Teruel llega a las doce treinta y cinco, andén catorce.
- El tren procedente de Zaragoza llega a las doce cuarenta y cinco, andén seis.
- El tren de Lérida tiene diez minutos de retraso. El andén es el número seis.
- El tren procedente de Sabadell llega a las doce quince, andén once.
Teruel – correct; Zaragoza: platform 6 not 16; Lérida – train from Lérida will arrive 10 minutes late, platform 6 not 7; Sabadell – 12.15, platform 11 not 12.

8 ● Atención, señores viajeros. El tren **para** Málaga sale del andén 2 a las 14.35. El tren **de** Málaga tiene 5 minutos de retraso. Llega al andén **12**.

Page 84 **Put it all together**

1 *a* ¿**Hay** un autobús para Santander? *b* ¿Cómo **se puede** ir a Gerona? *c* ¿A qué hora **sale** el tren? *d* ¿**Tengo que** hacer transbordo? *e* Quería un billete **de ida y vuelta**; *f* ¿Tengo que **bajar** aquí?

2 *a4; b2; c6; d5; e1; f3.*

3 *a* El autobús es más barato; *b* El tren es más rápido; *c* La cerveza es más barata.

4 *a* a las diez cuarenta; *b* a las doce diez; *c* a las dieciséis veinticinco; *d* a las veintidós cincuenta y cinco.

Page 85 **Now you're talking!**

1 ● ¿**Cómo se puede ir a Santa María?**
● Se puede ir en tren o en autobús.
● ¿**El tren es caro?**
● No, no. Pero el autobús es más barato.

2 ● ¿**A qué hora sale el tren para Santa María?**
● A las 09.10.
● ¿**A qué hora llega?**
● A las 10.35.
● ¿**Tengo que hacer transbordo?**
● No, es un tren directo.
● ¿**Cuánto cuesta un billete de ida y vuelta?**
● 22,50 euros.

3 ● **Quería cuatro billetes de ida y vuelta.**
● ¿Para cuándo?
● **Para el veinte de mayo.**
● Aquí tiene sus billetes. Son 90 euros.

4 ● ¿A qué hora sale?
● **Sale a las ocho cuarenta y cinco y llega a las doce treinta y cinco.**
● ¿Es directo?
● **No, tiene que cambiar en Palencia.**

Page 86 **Quiz**

1 más fuerte, más alto; 2 andén; 3 tengo que; 4 to change trains; 5 un billete para Toledo; 6 lento, barato; 7 llega a las cinco y veinte; 8 departures; 9 is the train late?

Unit 10 ¡Que aproveche!

Page 90 **Asking about items on the menu**

2 ● ¿Una mesa para tres?
● Sí, una mesa para tres.
● ¿Qué van a tomar de aperitivo?
● Para beber dos vermús y una coca-cola.
● Y también, **una ración de boquerones en vinagre y unas aceitunas.**
● Muy bien.

3 ● De primero, tenemos **sopa del día, paella, cocido madrileño, ensalada mixta y judías blancas con arroz.**

4/5
● ¿**Qué es cocido madrileño?**
● Lleva garbanzos, verduras, carne, zanahorias.
● Y ¿cómo es la paella? **¿Lleva carne?**
● No, señora, no lleva carne. Lleva arroz, pimientos, tomates, calamares y mejillones.
● Muchas gracias.
● De nada.
Missing ingredients: cocido madrileño – carne (meat); paella – calamares (squid).

Page 91 **Ordering a meal in a restaurant**

2 • **Para mí**, de primero, sopa de verdura.
  • Yo **voy a tomar** judías blancas con arroz y **para** mi hija ensalada mixta.

3 • ¿Qué va a tomar?
  • De primero, **sopa de verduras** y de segundo **tortilla de patatas**.
  • ¿Y de postre?
  • **Fruta del tiempo.**
  • ¿Y para beber?
  • Para beber, un agua mineral.
  • ¿Con gas o sin gas?
  • **Sin gas.**
  She wants still water.

4 • Voy a tomar las judías blancas con arroz.
  • Voy a tomar las sardinas a la plancha.
  • Voy a tomar la tortilla de patatas.
  • Voy a tomar el besugo al horno.

Page 92 **Saying what you like and don't like and paying compliments**

2 • ¿**Qué tienen de postre?**
  • Tenemos, melocotón, **flan con nata, tarta de manzana y queso.**

3 • ¿Le gusta el queso, señor?
  • Sí, **me gusta** mucho.
  • Y a usted, señora ¿le gusta el queso?
  • Sí, **me gusta** el queso.
  • **No me gusta** el queso manchego.
  Señor likes it; Señora 1 likes it, but Señora 2 doesn't

4 • Me gusta el vino tinto.
  • Me gusta el queso.
  • Me gusta el melón.

6 • ¿Todo bien?
  • **¡Perfecto!**
  • El cocido **está buenísimo.**
  • La tortilla de patatas **está deliciosa.**

7 • Está muy buena esta tarta. ¿Te **gusta**, Lola?
  • Me **gusta** mucho. Me **gustan** mucho las manzanas.

8 • Me gustan los melocotones.
  • Me gustan las fresas.
  • Me gustan los quesos españoles.

Page 94 **Put it all together**

1 *a* roasted; *b* baked; *c* fried; *d* with garlic; *e* in season; *f* grilled; *g* of the house

2 **primero:** ensalada, judías blancas con arroz, melón con jamón
  segundo: chuletas de cordero, cerdo, lenguado, pollo
  postre: helado, flan

3 *a* me gusta; *b* me gusta; *c* me gustan; *d* me gustan; *e* me gustan; *f* me gusta

4 *a* Este vino está exquisit**o**; *b* El queso está muy buen**o**; *c* La tarta está buenísim**a**.

Page 95 **Now you're talking!**

  • Buenas tardes. ¿Una mesa para dos?
  • **Sí, para dos.**
  • Aquí tiene el menú.
  • **Gracias.**
  • ¿Qué van a tomar?
  • **Para mi hija, sopa y para mí, paella.**
  • ¿Y de segundo?
  • **Filete y sardinas.**
  • ¿Con patatas o ensalada?
  • **Con patatas y ensalada.**
  • Aquí tienen, el filete y las sardinas. ¡Que aproveche!
  • **Para beber quería vino tinto de la casa.**
  • ¿Un litro?
  • **No, medio litro.**
  • ¿Todo bien?
  • **Sí, el pescado está buenísimo.**
  • ¿Van a tomar postre?

- **¿Qué tienen de postre?**
- Flan con nata.
- **No me gusta la nata. Voy a tomar un flan sin nata.**

Page 96 Quiz

1 una mesa para cuatro, por favor;
2 me gusta; *3* ajo (garlic); *4* ¿Lleva carne?
5 ¡Que aproveche! 6 cordero;
7 Está buenísima; *8* entremeses;
9 no me gusta la carne.

Repaso 3 (Pages 97–100)

1 *b* Perdone, ¿hay un bar por aquí?

2 ● **Un café solo, por favor.**
- Aquí tiene.
- **¿Cuánto es, por favor?**
- Son ochenta céntimos.
1,20 euros change

3 ● ¿Dónde está el Hotel Capitol?
- Mire, está muy cerca de aquí, en la plaza de Santa Ana. Tome la primera a la derecha y siga todo recto. Está a diez minutos a pie.
Near here, in plaza Santa Ana; first right and straight ahead; ten minutes' walk.

4
a ● ¿A qué hora sale **el primer** tren para Sevilla **el miércoles** por la mañana?
b ● ¿A qué hora llega **a** Sevilla?
c ● ¿Cuánto es el billete **de ida**?

5 ● Por favor, ¿a qué hora sale el primer tren para Sevilla el miércoles?
- Pues, hay el AVE que sale a las nueve y cinco. Llega a Sevilla a las once cuarenta y cinco.
- Quería un billete de ida, segunda clase. ¿Cuánto es?
- Ochenta euros.
Train leaves 09.05; arrives 11.45; 80 euros.

6 *c is correct.*

7 ● ¿A nombre de quién, por favor?
- A nombre de **+ your name.**
- ¿Me da su pasaporte, por favor? Gracias. Tiene usted **la habitación veintisiete** en **la segunda planta**.
a your name? b could you give me your passport? c room 27 on the second floor.

8 ● La libra está a un euro sesenta y uno.
b is correct.

9 ● El lunes voy a ir a Málaga. El martes voy en avión a Madrid. De Madrid voy a Barcelona, el miércoles. Estoy en Barcelona el jueves y el viernes voy a Roma.
Mon: Málaga; Tues: Madrid; Wed: Barcelona; Thurs: Barcelona; Fri: Roma

10
a ● ¿Cómo se llama?
- Me llamo Raúl Marques.
b ● ¿Es español?
- No, soy argentino.
c ● ¿Dónde vive?
- Vivo en Buenos Aires.
d ● ¿Está casado?
- Sí, estoy casado.
e ● ¿Cómo se llama su mujer?
- Se llama Teresa.
f ● ¿Tiene hijos?
- Sí, tengo un hijo – Carlos.
g ● ¿Cuántos años tiene?
- Tiene cuatro años.
h ● ¿Qué hace?
- Soy diseñador de moda.
i ● ¿Habla inglés?
- Sí, hablo inglés, español, francés y un poco de catalán.
j ● ¿Le gusta la comida española?
- Sí, me gusta mucho la comida española.

11 *a* 360 euros; *b* trescientos sesenta euros.

12 *a* Shell-fish and fried fish; *b* Yes; *c* Local wines; *d* Traditional cuisine from Andalusia.

Grammar

Grammar is simply the term used to describe the patterns of a language. Knowing these patterns will enable you to move away from total reliance on set phrases.

1 **Nouns** (words for people, things, places, concepts) are all either masculine (m.) or feminine (f.).

Singular nouns (one only)	To form the Plural (more than one)
a ending in **-o**: (nearly all m.)	Add **-s**: vino**s**
b ending in **-a**: (mostly f.)	Add **-s**: casa**s**
c ending in **-e**: (some m., some f.)	Add **-s**: coche**s**
d ending in consonants **-l, -n, -r** (some m., some f.)	Add **-es**: catedral**es** habitacion**es** profesor**es**

2 **Adjectives** (words which describe) have to 'agree' with what they describe:

	Singular	*Plural*
Adjectives ending in **-o** have four forms:		
m.	vino blanc**o**	vinos blanc**os** (white)
f.	casa blanc**a**	casas blanc**as**
Adjectives ending in **-e** have two forms:		
m.	coche grand**e**	coches grand**es** (big)
f.	casa grand**e**	casas grand**es**
Adjectives ending in consonants **-l, -n**, and **-s** have four forms:		
m.	vino españo**l**	vinos españo**les** (Spanish)
f.	cerveza españo**la**	cervezas españo**las**

3 **Articles** (a/an, some, the) have masculine and feminine forms.

	a/an	*some*	*the* singular	*the* plural
m.	**un** vino	**unos** vinos	**el** vino	**los** vinos
f.	**una** casa	**unas** casas	**la** casa	**las** casas

4 **Verbs** (words for doing or being) are easy to recognize in English because you can put 'to' in front of them: to be, to speak, to pay, to have.

In Spanish, the infinitive (the form you find in the dictionary) ends in **-ar**, **-er** or **-ir**, with each group following a pattern.

a Regular verbs have the following patterns:

		trabaj**ar** *to work*	com**er** *to eat*	viv**ir** *to live*
I	yo	trabaj**o**	com**o**	viv**o**
you	tú	trabaj**as**	com**es**	viv**es**
he, she *you (formal)*	él, ella usted }	trabaj**a**	com**e**	viv**e**
we	nosotros	trabaj**amos**	com**emos**	viv**imos**
you	vosotros	trabaj**áis**	com**éis**	viv**ís**
they *you (formal)*	ellos, ellas ustedes }	trabaj**an**	com**en**	viv**en**

b Since the ending of the verb is enough to tell us who is doing something, 'I', 'you', 'he/she', 'we', 'they' are used in Spanish only for emphasis, contrast, or clarification of the you/he/she form. There are two words for 'you' in the singular and two in the plural.

tú: to a friend, member of the family, or a younger person (**vosotros** to more than one person)

usted: to someone you don't know well or an older person (**ustedes** to more than one person) *c* Some common verbs don't follow the regular patterns:

		ir *(to go)*	**tener***(to have)*	**poder***(to be able)*
I	yo	voy	tengo	puedo
you	tú	vas	tienes	puedes
he/she	él, ella	va	tiene	puede
you	usted }			
we	nosotros	vamos	tenemos	podemos
you	vosotros	vais	tenéis	podéis
they	ellos, ellas	van	tienen	pueden
you	ustedes }			

d There are two verbs in Spanish which mean 'to be':

		ser	**estar**
I am	yo	soy	estoy
you are	tú	eres	estás
he, she is	él, ella	es	está
you are	usted }		
we are	nosotros	somos	estamos
you are	vosotros	sois	estáis
they are	ellos, ellas	son	están
	ustedes }		

Ser and **estar** each have specific functions, some of which we have seen in this book. **Ser** is used to describe the identity and essential characteristics of a person or thing:

Soy Peter.   **Soy inglés.**
Es de Londres.   **Es médico.**

It is also used to talk about prices and numbers:

¿Cuánto es?   **Son trece euros.**

Estar is used to describe the physical state of a person or thing:

¿Cómo estás?   **Estoy muy bien.**

It is also used to describe location and postion:

¿Dónde está el museo?

Spanish–English glossary

This glossary contains all the words and phrases, and their meanings, as they occur in this book. Verbs are given in the form in which they occur, usually followed by the infinitive in brackets.

A

a *to, at, in*
abierto *open*
abre (abrir) *(it) opens*
abril *April*
abrir *to open*
el abuelo *grandfather*
el aceite (de oliva) *(olive) oil*
la aceituna *olive*
acuerdo: de acuerdo *OK, agreed*
adiós *goodbye*
las afueras *outskirts*
agosto *August*
el agua *water*
ahora *now;*
  ahora mismo *right now, straightaway*
el ajo *garlic*
al ajillo *cooked with garlic*
  al (a + el) *to the; at the; in the*
el albergue juvenil *youth hostel*
Alemania *Germany*
alemán *German*
algo *something, anything;*
  ¿algo más? *anything else?*
allí *there*
alto *high, tall*
americano *American*
el andén *platform*
el año *year*
aparcar *to park*
el apartamento *appartment, flat*
el apellido *surname*
aproveche: ¡Que aproveche!
  Enjoy your meal!
aquí *here;*
  por aquí *nearby;*
  aquí mismo *right here*
Argentina *Argentina*
argentino *Argentinian*

el arquitecto *architect*
el arroz *rice*
  asado *roast*
la aspirina *aspirin*
el atún *tuna*
  Australia *Australia*
  australiano *Australian*
el autobús *bus, coach*
la avenida *avenue*
el ayuntamiento *town hall*
el azúcar *sugar*

B

bajo *low;*
  la planta baja *ground floor*
  bajar *to get off (bus, train)*
el banco *bank*
el baño *bath*
el bar *bar*
  barato *cheap*
la barra *stick;*
  barra de pan *stick of bread*
el batido *milk shake*
  beber *to drink*
la bebida *drink*
  Bélgica *Belgium*
el besugo *sea bream*
  bien *well*
el billete *(travel) ticket*
el bocadillo *sandwich*
el bolso *handbag*
  bonito *pretty*
el boquerón *fresh anchovy*
la botella *bottle*
  buenas noches *good evening; goodnight*
  buenas tardes *good afternoon; good evening*
  buenísimo *very good*
  bueno *good*
  buenos días *good morning*

C

el café *coffee*
el calamar *squid*
la calle *street*
el camarero *waiter*
el cambio *change; exchange-rate*
  Canadá *Canada*
  canadiense *Canadian*
la carne *meat*
  caro *expensive*
la carta *menu*
la casa *house;*
  (vino) de la casa; *house (wine)*
  casado *married*
el castellano *Castilian language*
el catalán *Catalan language*
  (a la) catalana *Catalan style*
la catedral *cathedral*
la cebolla *onion*
el céntimo *céntimo (Spanish currency)*
el centro *centre*
  cerca *near, nearby;*
  cerca de aquí *near here*
el cerdo *pork*
  cerrado *closed*
la cerveza *beer*
el chalet *detached house*
el champiñón *mushroom*
el chocolate *chocolate, cocoa*
la chuleta *chop*
  cierra (cerrar) *(it) closes*
el cigarro *cigarette*
el cine *cinema*
la ciudad *town, city*
el coche *car*
  comer *to eat*
la comida *food*
la comisaría *police station*
  ¿cómo? *how? what?*

¿Cómo es? *What's it like?*
completo *full*
con *with*
la contabilidad *accountancy*
el/la contable *accountant*
el cordero *lamb*
la crema (para el sol) *(sun)
cream*
¿cuál? *which? what?*
¿cuándo? *when?*
¿cuánto? *how much;*
¿Cuánto es? *How much is
it?*
¿Cuánto cuesta(n)? *How
much does it (do they) cost?*
¿cuántos? *how many?*
el cuarto *quarter*
el cubalibre *rum and coke*
cuesta (costar) *(it) costs*
cuestan (costar) *(they) cost*
el cumpleaños *birthday*

D

da (dar) *give;*
Me da *Could you give me*
de *from; of*
dejar *to leave*
del (de + el) *of the;
from the*
delicioso *delicious*
el/la dentista *dentist*
la derecha *right;*
a la derecha *on the right*
desea (desear) *you want;*
¿Qué desea? *Can I help
you?*
desde *from; since*
despacio *slowly*
dia *day*
diciembre *December*
Dígame *Hello (answering the
phone)*
Dinamarca *Denmark*
la dirección *address*
directo *direct*
la discoteca *disco*
el diseñador (m.) *designer*
la diseñadora (f.) *designer*
divorciado *divorced*

el domingo *Sunday*
¿dónde? *where?*
el dormitorio *bedroom*
la ducha *shower*

E

la edad *age*
el edificio *building*
el (m.) *the*
él *he*
el/la electricista *electrician*
ella *she*
la empresa *firm, company*
en *in; on; at*
Encantado *Pleased to
meet you*
enero *January*
la enfermera *nurse*
enfrente (de) *opposite*
¡Enhorabuena!
Congratulations!
la ensalada mixta *mixed salad*
la entrada *entrance; (entrance)
ticket*
los entremeses *starters*
eres (ser) *you are*
es (ser) *he/she/it is; you are*
escocés *Scottish*
Escocia *Scotland*
la escuela *school*
España *Spain*
español *Spanish*
la especialidad *speciality*
la estrella *star;*
hotel de cinco
estrellas *five-star hotel*
la estación *station*
Estados Unidos *United
States (of America)*
el estanco *tobacconist's*
esta (f.) *this*
ésta (f.) *this one*
está (estar) *he/she/it is;
you are*
estas (f.pl.) *these*
estás (estar) *you are;*
¿Cómo estás? *How are you?*
este (m.) *this*
éste (m.) *this one*

el estilo *style*
estos (m.pl.) *these*
estoy (estar) *I am*
el/la estudiante *student*
el euro *euro (Spanish currency)*
exquisito *excellent*

F

falso *false*
la familia *family*
la farmacia *chemist's shop*
favor: por favor *please*
febrero *February*
el filete *steak*
el final *end;*
al final de *at the end of*
el flan *caramel custard*
el fotógrafo *photographer*
francés *French*
Francia *France*
la fresa *strawberry*
frito *fried*
la fruta *fruit*
fuerte *strong*
fumador *smoking
(compartment/area)*

G

las gafas de sol *sun glasses*
galés *Welsh*
gallego *Galician*
la gamba *prawn*
el garbanzo *chickpea*
gótico *gothic*
gracias *thanks, thank you*
el gramo *gram*
el gran almacén *department
store*
gratis *free*
Grecia *Greece*
guisado *stewed*
gusta (gustar): Me gusta
*I like (it); ¿Le gusta? Do you
like (it)?*
gustan (gustar): Me gustan
*I like (them); ¿Le gustan? Do
you like (them)?*
gusto: Mucho gusto *Pleased
to meet you*

H

la habitación *room*
el/la habitante *inhabitant*
   habla (hablar) *he/she speaks; you speak*
   hablas (hablar) *you speak*
   hace (hacer) *he/she does; you do*
   hacer *to do; to make*
   haces (hacer) *you do*
   hasta *until;*
      Hasta luego *See you later*
   hay *there is; there are*
el helado *ice cream*
la hermana *sister*
el hermano *brother*
la hija *daughter*
el hijo *son*
los hijos *sons; children*
   Hola *Hello*
   Holanda *Holland*
la hora *hour; time;*
      ¿A qué hora? *At what time?*
el horno: al horno *baked*
el hospital *hospital*
el hostal *small hotel, hostel*
el hotel de cinco estrellos *5-star hotel*
   hoy *today*

I

   ida: (billete) de ida *single (ticket);*
      de ida y vuelta *return*
el ingeniero *engineer*
   Inglaterra *England*
   inglés *English*
   interesante *interesting*
   Irlanda *Ireland*
   irlandés *Irish*
   Italia *Italy*
   italiano *Italian*
la izquierda *left;*
      a la izquierda *on the left*

J

el jamón *ham*
las judías blancas *haricot beans*
el jueves *Thursday*

   julio *July*
   junio *June*

K

el kilo *kilogram*

L

   la (f.), las (f.pl.) *the*
la lata *tin, can*
la leche *milk*
   lejos *far*
el lenguado *lemon sole*
la libra esterlina *pound sterling*
   libre *unoccupied*
la librería *bookshop*
el libro *book*
el limón *lemon*
el litro *litre*
   llama (llamarse): ¿Cómo se llama? *What's his/her name? What's your name?*
   llamar *to call; to phone*
   llamas (llamarse): ¿Cómo te llamas? *What's your name?*
   llamo (llamarse): Me llamo *My name is*
la llegada *arrival*
   llegar *to arrive*
   local *local*
   los (m.pl.) *the*
el lunes *Monday*

M

la madre *mother*
   madrileño *Madrid style*
la maleta *suitcase*
   mañana *morning; tomorrow;*
      de la mañana *in the morning*
la mantequilla *butter*
la manzana *apple*
el mapa *map;*
      el mapa de carreteras *road map*
el marido *husband*
el marisco *seafood, shellfish*
el martes *Tuesday*
   marzo *March*
   más *more*

   mayo *May*
   medio *half;*
      media pensión *half board;*
      (las dos) y media *half past (two, etc)*
el médico *doctor*
los mejillones *mussels*
   mejor *better*
el melocotón *peach*
el melón *melon*
el menú *menu*
la merluza *haddock*
la mesa *table;*
      la sobre mesa *table talk*
el metro *underground, metro*
   mi *my*
   mí *me*
el miércoles *Wednesday*
   mil *thousand*
el minuto *minute*
   mixta *mixed*
   mucho, *much;*
      Mucho gusto *Pleased to meet you*
   muchos *many*
la mujer *wife*
el museo *museum*
   muy *very*

N

la nacionalidad *nationality*
   nada *nothing;*
      Nada más *Nothing else;*
      De nada *You're welcome*
la naranja *orange*
la nata *cream*
la Navidad *Christmas*
   no *No; not*
la noche *night*
el nombre *name; first name*
   norte *north*
   norteamericano *American*
   Noruega *Norway*
   noviembre *November*
el número *number*

O

   o *or*
   octubre *October*

la oficina *office;*
  oficina de turismo *tourist office*
  ¡oiga! *Listen! (to attract attention)*

P

el padre *father*
la paella *dish of rice, seafood and vegetables*
pagar *to pay*
el país *country*
  País de Gales *Wales*
el palacio *palace*
el pan *bread*
el paquete *packet*
para *for; to*
el parador nacional *state-owned historical hotel*
el parque *park*
el pasaporte *passport*
la patata *potato*
la pensión completa *full board*
Perdón, Perdone *Excuse me*
perfecto *perfect*
el periódico *newspaper*
el Perú *Peru*
peruano *Peruvian*
el pescado *fish*
el pez espada *swordfish*
el pie *foot;*
  a pie *on foot*
el pimiento *pepper (vegetable)*
a la pimienta *with pepper*
la piña *pineapple*
el pintor (m.) *painter*
la pintora (f.) *painter*
la piscina *swimming-pool*
el piso *flat, appartment*
la plancha: a la plancha *grilled*
la planta *floor;*
  la planta baja *ground floor*
el plátano *banana*
el plato *plate, dish, course*
la playa *beach*
la plaza *square*
podemos (poder) *we can*
el pollo *chicken*
Póngame (poner) *Give me (a kilo, etc.)*

por *by, through;*
  por aquí *nearby;*
  por favor *please;*
  por supuesto *of course*
la postal *postcard*
el postre *dessert*
el premio *prize*
primer, primero (m.) *first*
de primero *for first course*
primera (f.) *first;*
  la primera a la derecha *the first on the right*
el profesor (m.) *teacher*
la profesora (f.) *teacher*
la propina *tip*
la provincia *province*
próximo *next*
el pueblo *village, small town*
puede (poder) *he/she can; you can;*
-se puede *one can*
puedes (poder) *you can*
puedo (poder) *I can*
pues *well, then*

Q

que *which, that*
¿qué? *what*
quería (querer) *I'd like*
el queso *cheese*
quien *who*
el quiosco *newsagent's*
quisiera (querer) *I'd like*

R

la ración *portion*
rápido *quick, fast*
el refresco *soft drink*
repetir *to repeat*
reservada *reserved, booked*
reservar *to reserve, to book*
el restaurante *restaurant*
el retraso *delay*
la revista *magazine*
romana: a la romana *cooked in batter*

S

el sábado *Saturday*

sale (salir) *he/she/it leaves; you leave*
la salida *departure*
la sandía *watermelon*
la sardina *sardine*
sé *(saber):* No sé *I don't know*
segunda *second*
de segunda *for the second course*
el sello *stamp*
la semana *week*
el señor *Mr; man; sir*
la señora *Mrs; woman; madam*
los señores *Mr and Mrs*
septiembre *September*
siento: Lo siento *I'm sorry*
siga (seguir): siga todo recto *go straight on*
el siglo *century*
sin *without*
soltero *single, unmarried*
la sopa *soup*
el sorteo *lottery*
soy (ser) *I am*
su *his/her/its; your*
el supermercado *supermarket*
Suecia *Sweden*
Suiza *Switzerland*

T

también *also, too*
la tarde *afternoon, evening;*
  de la tarde *in the afternoon*
la tarjeta de crédito *credit card*
la tarta *tart, cake*
el té *tea*
el teatro *theatre*
el teléfono *telephone; phone number*
la televisión *television*
la temporada *season;*
  temporada alta *high season;*
  temporada baja *low season*
tenemos (tener) *we have*
tengo (tener) *I have;*
  tengo que *I have to*
la ternera *veal*
el tiempo: del tiempo *in season*

la tienda *shop*
  tiene (tener) *he/she/it has;*
  you have;
    tiene que *he/she has to; you*
    have to
    tienes (tener) *you have*
  tinto: vino tinto *red wine*
  típico *typical*
las tiritas *plasters*
  todo *all, everything;*
    todo recto *straight on*
  tomar *to take; to have (to*
  eat)
el tomate *tomato*
  tome (tomar) *take*
la tortilla *omelette*
  trabaja (trabajar) *he/she*
  works; you work
  trabajas (trabajar) *you work*
  trabajo (trabajar) *I work*
  tradicional *traditional*
  tranquilo *tranquil*
  transbordo: hacer
  transbordo *to change*
  (trains, etc)

el tren *train*
  tu *your*
  tú *you (informal)*
el turrón *traditional Christmas*
  sweet

U

  un, una *a/an; one*
  usted, ustedes *you*

V

  va (ir): ¿Qué va(s) a
  tomar? *What'll you have?*
la vaca *beef*
  vale *OK*
  varios *several*
  vasco *Basque*
el vendedor *sales assistant*
  ver *to see;*
    a ver *let's see*
  ¿verdad? *isn't it? aren't you?*
  doesn't she? etc
  verdadero *true*
las verduras *green vegetables*
el vermú *vermouth*

el viajero *passenger*
el viernes *Friday*
el vinagre *vinegar*
el vino *wine*
la vista *view*
  vive (vivir) *he/she lives;*
  you live
  vives (vivir) *you live*
  vivo (vivir) *I live*
  vosotros *you (pl.)*
  voy (ir): voy a tomar *I'll have*
  vuelta: (billete) de ida y
  vuelta *return (ticket)*

Y

  y *and*
  yo *I*
el yogur *yoghurt*

Z

la zanahoria *carrot*
el zumo *juice*